Rich致富 176

富爸爸財務IQ：
愈精明愈有錢

Rich Dad's Increase Your Financial IQ: Get Smarter with Your Money

羅勃特．T．清崎 Robert T. Kiyosaki◎著
陳琇玲◎譯

高寶書版集團

致富館 176
富爸爸財務IQ：愈精明愈有錢
Rich Dad's Increase Your Financial IQ: Get Smarter with Your Money

作　者：羅勃特・T・清崎（Robert T. Kiyosaki）
譯　者：陳琇玲
總 編 輯：林秀禎
編　輯：吳怡銘
出 版 者：英屬維京群島商高寶國際有限公司台灣分公司
Global Group Holdings, Ltd.
地　址：台北市內湖區洲子街88號3樓
網　址：gobooks.com.tw
電　話：(02) 27992788
E-mail：readers@gobooks.com.tw（讀者服務部）
pr@gobooks.com.tw（公關諮詢部）
電　傳：出版部（02）27990909　行銷部（02）27993088
郵政劃撥：19394552
戶　名：英屬維京群島商高寶國際有限公司台灣分公司
發　行：希代多媒體書版股份有限公司/Printed in Taiwan
初版日期：2009 年 4 月

富爸爸財務IQ：愈精明愈有錢 / 羅勃特・T・清崎（Robert T. Kiyosaki）譯. -- 初版. -- 臺北市：高寶國際出版：希代多媒體發行, 2009. 4
面；　公分. --（致富館；RI 176）

譯自：Rich Dad's Increase Your Financial IQ: Get Smarter with Your Money
ISBN 978-986-185-293-5(平裝)
1. 個人理財

563　　98003280

富爸爸 Rich Dad 財務IQ

—推薦序—

掌握財務ＩＱ就是掌握未來

鉅亨網執行長　刁洪智

羅勃特．Ｔ．清崎所撰述的富爸爸系列叢書，在國內外已風行多年，此次高寶書版因應金融海嘯，推出《富爸爸財務ＩＱ：愈精明愈有錢》一書可說是呼應時事，同時也是更多投資人亟欲學習的標的。

於此書中，清崎鼓勵大家在金錢觀上做一革新，檢視財務智能，學習致富必備的五大財務ＩＱ！更以循序漸進的方式，指引我們往財富自主的方向邁進。除此之外，他更教導投資人如何做好財務預算編列以及資產配置、增加財務方面的相關資訊、學習以投資報酬作評量、挑選高報酬、低風險的理財產品等。最重要的是，善用網路平台等理財資訊，學習專業理財知識。

唯有經思考與學習才能增加自己的財務ＩＱ才能成為理財專家，只要掌握財務ＩＱ就能掌握未來，相信大家在閱讀此書後必能收穫良多！

—推薦序—

累積財富要向趨勢借力使力！

萬寶週刊社長　朱成志

一九九七年清崎出版了《富爸爸，窮爸爸》掀起全球一陣理財熱潮，他出書速度頗快，也常常名列暢銷書排行榜，我也曾為他與川普合著的另一本書寫序。

當全球歷經二〇〇七年次貸風暴，到二〇〇八年金融海嘯肆虐後，許多理財觀念正面臨考驗，連過去被稱為股神的巴菲特都承認自己做了傻事。許多美國民眾誤信專家強調的低利率，加上房貸、次貸的誘惑，前幾年幾乎不要付錢就買下了房子，忽略了自身的還款能力，及過度炒作的高房價，現在正面臨繳不出房貸，房屋被法拍的命運！

在資訊爆炸的時代，網路、電視、雜誌、報紙等每天都有讀不完的理財資訊，窮人錢不夠，富人錢太多，本書作者羅勃特．T．清崎提出「財務ＩＱ」的概念，正如以前我所說的「改變您發財的ＤＮＡ」，我認同清崎所寫的「一定要先有財務ＩＱ，才能成為有錢人」。首先如何賺更多更多錢？怎樣藉由本身的提升，用各式各樣的方法賺到錢？對老美而言，如何保護好你的錢，不讓政府、律師、經紀人等潛在的掠奪者拿走你的資產？也很重要，但在台灣終於遺產稅要降為一〇％，對富爸爸來說，是好消息，也出現資金大回流的趨勢。

懂得用錢賺錢，並不只是單純地投資於股票、債券、共同基金，而是以現金報酬率的角度切入，清崎認為尤其是「房地產」，趁著市場恐慌之際進場撿便宜，然後賺取合理的租金，進行物業管理，將財務智能發揮至極致，就能賺到錢。

清崎認為要在關鍵時刻，讓趨勢當我們的朋友，用財務槓桿賺錢，不僅是用錢賺錢，而且是用別人的錢來賺錢，這一切皆和財務ＩＱ有關，並提到「知識就是最大的槓桿！」這點我相當認同。過去逾二十年的證券工作當中，我不停地演講及寫文章，分享研究的心得，不只是希望大家知道投資的方向，更希望能幫助大家建立正確的觀念。觀念看似簡單，但許多電視名嘴也常常搞錯！

「錢不是萬能，沒有錢卻是萬萬不能！」怎麼樣累積人生的第一桶金？怎麼樣為自己準備退休金？這是大家都面臨到的問題。仿效美國401(k)為自己提撥退休金，這是清崎提出的觀念；在中華民國退休基金協會多年的努力下，台灣已有了勞退新制，現在除了雇主每個月依勞退新制提存的六%以外，怎麼樣靠自己創造更多的財富，讓退休生活更圓滿，真正下功夫培養「正確」的理財觀，在這個充滿「不正確」理財專家的時代，更為重要。

目錄｜*Contents*

自序

金錢並不邪惡

教育體制的重大缺失之一就是：無法提供學生理財教育。教育家似乎認為，金錢有著某種類似宗教或狂熱崇拜的污名，他們認為愛錢就是萬惡之源。

我們都知道，愛錢並不是壞事，缺錢會造成不幸。明明痛恨自己的工作，卻還要痛苦地工作，那才不幸。努力工作，賺的錢卻不夠養家餬口，那才不幸。對某些人來說，債台高築又無法脫困，那才不幸。為了錢跟所愛的人吵架，那才不幸。金錢本身並不邪惡，錢只是錢罷了。

你的房子並非資產

缺乏理財教育也會讓人做出傻事，或被傻子給騙了。舉例來說，一九九七年時，我剛出版《富爸爸，窮爸爸》一書，在書中提到：「你的房子並非資產，而是負債。」結果引發強烈的抗議聲浪，我跟那本書都遭受到相當嚴厲的抨擊。許多自稱理財專家的人士在媒體批判我。十年後，也就是二〇〇七年，當信用市場瓦解，幾百萬人在金融海嘯中慘賠，許多人賠上自己的房子、有些人甚至宣告破產，有的則因為房價暴跌，即使房屋現值跌破市值卻還要照繳房貸，這些人痛苦地發現自己的家其實是負債，而不是資產。

過時的建議

現在，許多財經專家繼續教大家：「努力工作存錢、還清債務、省吃儉用、分散投資共同基金。」但是這根本是一些爛建議，道理很簡單，因為這些都是過時的建議。金錢法則早在一九七一年就改變了，現在，我們處在新資本主義的時代。存錢、還清債務和分散投資，這樣做只在舊資本主義奏效。現在還奉舊資本主義「努力工作存錢」為箴言的人，將在新資本主義中繼續為財務傷透腦筋。

理財資訊泛濫，理財教育卻欠缺

我們的教育體系缺乏理財教育，簡直就是殘酷邪惡的事情。在現今世界，不論貧富、聰明與否，理財教育都是生存所不可或缺的。

大多數人都知道，我們目前生活在資訊時代，或者應該說是於資訊泛濫的時代，我們有太多的資訊不知如何消化。從以下的公式中，大家就可以明白為什麼理財教育如此重要。

資訊＋教育＝知識

沒有理財教育，人們無法將資訊處理成有用的知識。沒有理財知識，人們就會為財務傷腦筋。沒有理財知識，人們買房子，還把房子當成資產；或是傻傻的存錢，卻不明白從一九七一年起，他們的錢不再是錢，而是「貨幣」；或是不知道好的債務跟壞的債務的區別；不懂有錢人為什麼賺更多錢卻繳更少稅；或不知道投資大師華倫・巴菲特（Warren Buffett）為什麼不吃分散投資那一套。

盲從的袋鼠

沒有理財知識的人們，只好找別人告訴他們怎麼做。而且，大多數理財專家的建議是，努力工作存錢、還清債務、省吃儉用，並且分散投資共同基金。他們就像只跟著帶頭跳躍的袋鼠，迅速奔向懸崖，然後跳入波濤洶湧、詭譎多變的金融大海裡，但是還期待可以平安地游到對岸。

這本書跟理財建議無關

這本書不會告訴你做什麼，也跟理財建議無關，而是讓你對理財更精明，讓你可以自行處理相當資訊，並為自己找出通往理財的康莊大道。

總之，這本書的論述重點是：愈精明就愈有錢。

前言

錢讓你變富有嗎？

答案是：「沒有。」

光靠金錢並不會讓你變得富有。我們都認識每天為錢工作、賺更多錢卻無法致富的人。諷刺的是，許多人多賺一點錢，卻只是讓自己深陷債務之中。相信大家都聽過樂透彩的中獎人瞬間致富、不久又陷入貧困的故事。我們也聽過房地產抵押品流當的故事，因為房地產不但沒有讓屋主更富有，財務更有保障，反而讓屋主因為繳不出房貸而被趕出去，淪為赤貧。我們當中有很多人都認識因為投資股市而慘賠的人，或許你就是這種人。就算投資「黃金」這項世上唯一的實質貨幣，也可能讓投資人賠錢。

我年輕時做的第一項投資，就是投資黃金，也就是在開始投資房地產業以前，我已經開始投資黃金。一九七二年，我二十五歲，那時每盎司黃金大約七十美元，於是我開始買進金幣。一九八〇年時，黃金漲到每盎司將近八百美元，因為貪婪，讓我忘記要審慎小心，當時漲到二千五百美元的傳聞甚囂塵上。貪婪的投資人開始瘋狂搶購黃金，即使他們以前從未這樣做過，大家還是貿然躁進。但是，我當時並沒有將手中持有的一些金幣先獲利了結，反而繼續持有金幣，更期望金價會繼續飆漲。約一年後，黃金價格跌破五百美元。最後，我把手中持有的金幣都賣掉了。從一九八〇年起，我觀察金價持續下挫，在一九九九年金價終於觸底為每盎司二百五十美元。

雖然投資黃金沒有賺很多錢，不過黃金卻教導我許多跟錢有關的寶貴教訓。我明白真正重要的不是黃金這項資產，而是跟這項資產有關的資訊會讓人變得富有或貧窮。換句話說，不是房地產、股票、共同基金、事業或金錢讓人致富，而是資訊、知識、智慧和技術知識等財務智能讓人富有。

高爾夫球課或高爾夫球俱樂部

我有一位朋友沉迷高爾夫球，他每年花好幾千美元繳俱樂部會費及購買新上市的球具。問題是，他卻不願意花一毛錢上高爾夫球課。所以，他的球技一直沒有起色，即使擁有最先進、最好的設備也一樣。如果他肯花錢上課，那麼即使沒有使用最新的球具，球技也可能比現在好。

同樣的現象也發生在金錢遊戲中，有數十億人將自己辛苦掙來的錢投入股票和房地產等資產上，卻幾乎沒有花什麼錢投資在資訊的取得。因此，他們的理財成效也一直沒有起色。

這本書跟神奇公式無關

這本書不是一本教你迅速致富的書，也不是跟某些神奇公式有關；而是跟提高你的財務ＩＱ（Financial IQ）有關，跟愈精明就愈有錢相關的一本書。這本書也要告訴你，不管景氣如何、股市或房市有何表現，為了讓你愈來愈富有，你必須具備的五大財務ＩＱ。

金錢的新法則

這本書跟金錢的新法則有關，這些法則是在一九七一年改變的，也因為金錢法則的這些改變，讓舊法則作廢無效。為什麼有這麼多人為個人財務傷腦筋，原因之一就是，他們繼續依照舊的金錢法則運作，例如：努力工作存錢、還清債務、進行長期分散投資，並以股票、債券和共同基金作為投資組合。這本書是依據金錢的新法則來運作，如果你願意學習並加入我們，就必須增加你的財務智能和財務ＩＱ。

在看完這本書後，你就能很快地決定究竟要依照金錢的舊法則或新法則來看待財務問題，也更明白哪一項對你最有利。

找出你的理財天賦

這本書的第九章談到透過全腦運用，找出你的理財天賦。大多數人都知道，人腦可分為左腦、右腦和潛意識。

大多數人無法致富的原因是被潛意識支配了。舉例來說，人們可能研究房地產，也確實知道要透過左腦和右腦做什麼，但是他們被自己的潛意識掌控，潛意識說：「喔，那樣做太冒險了，萬一你把錢虧掉怎麼辦？萬一你出錯怎麼辦？」在這種情況下，這股恐懼情緒啟動潛意識運作，跟左腦和右腦所想要的事情背道而馳。簡單來說，要開發你的理財天賦，必須要先知道如何讓你的左腦、右腦及潛意識和諧地運作，而不是互相對抗。

簡單講

許多人認為，賺錢就要在金錢上付出代價，這種想法是不對的。你要時時牢記，如果你可以因為投資黃金虧錢，你當然也可以拿錢投資任何事。不是黃金、股票、房地產、努力工作或金錢讓你致富——而是你對黃金、股票、房地產、努力工作或金錢有什麼瞭解，讓你致富。畢竟，是你的財務智能，是你的財務ＩＱ讓你致富。

請繼續翻閱這本書，你會愈精明，也會更富有。

Chapter 1

財務智能是什麼？

INCREASE YOUR FINANCIAL IQ

五歲時，我被緊急地送到急診室動手術，當時是因為長水痘導致耳朵感染緊急送醫。雖然這是一次令人恐懼的經驗，不過這個回憶也讓我懷念，就在我動完手術躺在病床上，從麻醉中恢復時，父親、弟弟和兩位妹妹站在醫院窗外的草坪上跟我揮手。母親當時並沒有到醫院來，因為她的心臟不好在家休養。

同一年，我的弟弟從車庫棚架上摔下來，頭部受傷送醫治療。接下來，是我大妹出狀況，她的膝蓋要動手術，而我小妹貝絲才剛出生，卻因為嚴重的皮膚病時常跟醫生打交道。

對我父親來說，那真是悲慘的一年，我們一家六口就只有他沒有生病。幸好，我們都復原了，至今大家都健康的活著。不幸的是，醫療帳單陸續寄來，我父親那一年或許沒有生病，但他確實受到重大打擊，被醫藥費壓得喘不過氣。

當時，我父親在夏威夷大學唸研究所，他在學校成績優異，二年就取得碩士學位，夢想有一天能夠成為大學教授。但是，他現在卻是六口之家的家長，不但要養家餬口，還要繳房貸和高額醫療帳單，只好先把自己的夢想放在一旁，在夏威夷大島希洛（Hilo）小鎮的學校擔任助理督學。而為了搬家到大島上，我父親必須跟祖父借錢，那段日子可說是過得既辛苦又艱困。

父親雖然在專業上有著傲人的成就，最後還取得博士學位。但我猜想，沒有實現當大學教授的夢想，這件事一直到他臨終都耿耿於懷。他常說：「當小孩都長大離家，我會回學校做我喜歡做的事——教書。」

到最後，父親並沒有回學校教書，而是成為夏威夷的教育督學，這是一個行政職，後來他還參選副州長失利。選舉後，他失業了，那時他才五十歲。此時，家中又有重大悲痛發生，我的母親因為心臟衰竭猝死，享年四十八歲，父親因為痛失愛妻，從此一蹶不振。金錢問題又再次堆積如山。因為沒有工作，父親決定把退休存款提領出來，並且投資一個據點遍及全國的冰淇淋連鎖店，結果卻血本無歸。

隨著父親年紀愈大就愈覺得自己比不上同僚，自從他失去教育主管的職銜後，就什麼都不是，等同於事業生涯結束。他對於那些沒有像他一樣進入教育界卻從商致富的同學深感憤慨，講到激動處會說：「我把畢生的精力都花在教育夏威夷的下一代，我得到什麼？什麼也沒有。我那些有錢的同學愈來愈有錢，那我呢？一無所獲。」

我從來不知道，他為什麼不回大學教書。我相信最大的原因是，他當時正絞盡腦汁想要迅速致富，彌補以往失去的歲月。結果，他追逐不切實際的交易而遭受損失，還常跟滿口花言巧語的投機者在一起，想靠投機事業成就一蹴可幾的夢想，卻始終沒有成功。

如果不是一些臨時工作和社會福利制度的給付，他可能必須搬來跟子女同住。生命的後期，他罹患癌症，在往生的前幾個月，還把我叫到床邊向我道歉，因為他沒有什麼遺產可以留給我們。我牽著他的手，把頭枕在他的手上，父子倆一起啜泣。

錢不夠

我的窮爸爸這一輩子都為錢所困。不管他賺了多少錢，他的問題總是錢不夠用。他沒有能力解決錢的問題，讓他生前一直很痛苦。悲慘的是，他覺得自己在事業上沒有成就，也沒有資格為人父。

他在教育界工作時，盡全力把自己的財務問題擺一邊，終其一生為比金錢更崇高的主張而努力。他打從心裡認為，錢不重要，甚至在錢真的很重要時，還是這樣說。他是一位傑出人士，一位好丈夫和好父親，也是一位英明的教育家，不過這個稱為「錢」的東西卻常讓他受傷，並悄悄地迫害他。可悲的是，一直到死都是這樣，以金錢來衡量他的人生，雖然他很聰明，卻無法解決自己在金錢上的問題。

錢太多

我的富爸爸在我九歲時，開始教導我有關金錢的事。雖然他也有金錢問題，不過做法卻和窮爸爸截然不同，因為他知道錢很重要，所以努力掌握每一次機會來增加自己的財務智能。對他來說，這表示直接處理個人金錢問題並從過程中學習。我的富爸爸在學校時不像我的窮爸爸那樣成績優異，但是他以不同的方式解決金錢問題並增加自己的財務智能，所以我的富爸爸的金錢問題總是：錢太多。

是的，我有二個爸爸，一個富、一個窮。因此，我學會不論貧富，我們都會遭遇金錢問題。

【窮人的金錢問題】

1. 錢不夠。
2. 以信用借款來補足金錢方面的短缺。
3. 生活費用不斷上漲。
4. 賺更多錢就繳更多稅。

5. 擔心發生緊急事件。
6. 聽從不當的理財建議。
7. 退休金不夠。

【富人的金錢問題】

1. 錢太多。
2. 把錢保管好並進行投資。
3. 不知道別人是真心喜歡他們，還是喜歡他們的錢。
4. 亟需更明智的理財建議。
5. 太溺愛子女。
6. 需要財產規劃與遺產規劃。
7. 繳太多稅給政府。

我的窮爸爸一生都有金錢問題，不管他賺多少錢，他的問題是錢不夠。我的富爸爸也有金錢問題，但是他的問題是錢太多。面對這兩種金錢問題，你想要哪一種？

金錢問題的不當解決辦法

我從小就知道，不管多麼有錢或多麼貧窮，都會面臨金錢問題。對我來說，這可是一項非常重要的啟示。許多人認為，如果他們有很多錢，就可以跟金錢問題說再見。他們卻不知道，太多錢只會引發更多金錢問題。

我很喜歡一家金融服務公司的廣告，那支廣告一開始是饒舌歌手MC Hammer跟一群美女跳舞，背景是一輛賓特利名車和一輛法拉利跑車，還有一棟富麗堂皇的豪宅。在廣告背景中，高檔精品一一被搬進豪宅裡，背景音樂正播放著MC Hammer的暢銷單曲「U Can't Touch This」。接著，畫面變黑並打出字幕「十五分鐘後」。下一幕是MC Hammer坐在同一棟豪宅前的人行道上，他悲傷地雙手抱頭，身旁的看板上寫著「法拍屋」。接著，打出廣告文案：「人生瞬息萬變，讓我們來幫你。」

這種遭遇處處可見。大家應該都聽過中了好幾百萬美元的樂透彩得主，幾年後卻深陷債務中；或是住在豪宅裡的年輕職業運動選手，在意氣風發時財源廣進，在落魄潦倒時卻變成橋下的遊民；又或者年輕搖滾巨星在二十幾歲就有好幾百萬美元的身價，到三十歲時卻失業找不到工作。

光靠錢並不能解決你的財務問題。這就是為什麼，給窮人錢不能解決他們的財務問題。從許多方面來看，這樣做只是拖延問題，讓窮人愈來愈多，以社會福利制度這個構想為例，從經濟大蕭條到一九九六年這段期間，政府不管個人狀況，，只要符合貧困條件，就能拿到政府發放的救濟金，而且拿一輩子。如果你開始奮發向上，找到工作做，賺到錢後，如果不再符合貧困條件，政府就不會發放救濟金。當然，窮人找到工作後就要應付以前不必處理的相關費用，包括：制服費、托嬰費、交通費等。在許多情況下，他們有工作做，最後反而比拿救濟金時更窮，也更沒有時間。這種制度讓懶人受惠，卻懲罰願意奮發向上者，所以窮人才愈來愈多。

努力工作無法解決金錢問題。這個世界充滿努力工作卻為錢操勞的人，他們賺錢卻深陷債務中，為了賺更多的錢就必須更努力工作。

教育不能解決金錢問題。這個世界充滿了高學歷的窮人，他們就是所謂的社會主義者。

工作不能解決金錢問題。對許多人來說，工作（job）這個字代表的是，只比破產好一點（just over broke）。有幾百萬人賺的錢只夠存活，卻不夠過活；許多人有工作卻買不起房子，無法支付足夠的健保、繳不出學費，甚至沒辦法存夠退休金。

如何解決金錢問題？

財務智能可以解決金錢問題。簡單講，財務智能是我們用於解決財務問題的所有智能的一部分。人們常面臨的金錢問題是：

1. 「我賺的錢不夠多。」
2. 「我債台高築。」
3. 「我買不起房子。」
4. 「我的車子壞了，去哪裡找一筆錢來修車？」
5. 「我有三十萬新台幣，該做什麼投資？」
6. 「我的小孩想上大學，但是卻繳不起學費。」
7. 「我沒有足夠的錢可以在退休時使用。」
8. 「我不喜歡我的工作，但是為了溫飽卻無法離職。」
9. 「我退休了，現在快要坐吃山空。」
10. 「我沒錢動手術。」

財務智能可以解決這些問題和其他問題。遺憾的是，如果你並未充分開發你的財務智能，就無法解決你的金錢問題，而且問題還是繼續存在，不會消失。許多時候，問題會惡化，引發更多的金錢問題。舉例來說，有幾百萬人沒有存夠退休金，如果他們無法解決這個問題，問題就會惡化，當他們年紀愈大，就需要更多錢支付醫療照護費用。不管你喜不喜歡，金錢確實會影響生活方式和生活品質，也提供便利和無憂的選擇。

解決金錢問題讓你更精明

在我小時候，富爸爸跟我說過：「金錢問題讓你更精明……，如果你把金錢問題解決掉的話。」他還說：「如果你解決掉自己的金錢問題，財務智能就會跟著增加。當你的財務智能增加時，你就愈富有。但是，如果你沒有解決金錢問題，你就會愈貧窮，因為這些問題通常會衍生出更多問題。」如果你想增加財務智能，則必須成為一位解決問題者；如果你不能解決你的金錢問題，就不可能富有。事實上，你的金錢問題拖得愈久，你就愈窮。

富爸爸以牙痛的例子來說明「一個問題會引發其他問題」。他說：「有金錢問題就像有牙痛一樣。如果牙齒痛，你卻不處理，那麼牙痛可能讓你覺得很不舒服；如果你不舒服，就會因為煩燥而無法做好工作；接下來可以會引起併發症；到最後，你會因為慢性疾病導致工作績效不彰，因而失去工作；一旦沒有工作，就付不出房租。如果不解決租金問題，就會流落街頭變成游民，健康狀況不好又要翻垃圾桶找東西吃。重點是，你的牙齒還是一直痛個不停。」

雖然這個例子很極端，我卻一直牢記在心。也因為從小就明白解決問題的重要性，我知道骨牌效應是因為沒有解決問題所引起的。

許多人在問題還小、還是牙痛階段時，不解決自己的財務問題，有時甚至還忽視問題或不解決根本問題，讓問題繼續惡化。舉例來說，在缺錢時，許多人使用信用卡救急。不久之後，信用卡帳單堆積如山，銀行追著他們還錢。為了解決卡債，他們用房子做抵押，問題是，他們還繼續地刷卡消費。現在，他們不但要還清房貸，還有更多的卡債要還。然後，為了解決卡債問題，又申請別家信用卡來還原先的卡債。也因為滿坑滿谷的金錢問題，他們覺得很沮喪，所以用新申請的信用卡刷卡去度假。不久後，他們無法支付房貸或其他卡債，於是宣告破產。但是，破產後，根本的問題還在那裡，就像牙痛的例子一樣由於缺乏財務智能，所以沒有能力輕易解決財務問題。若以這個例子來看，根本問題應是改變消費習慣，但是還是有很多人選擇忽視問題。如果無法把雜草根除，雜草很快會再長出來，而且愈長愈多，財務問題也是一樣。

雖然這些例子有點為極端，但卻屢見不鮮。重點是，財務問題是麻煩沒錯，但是也有辦法可以解決，如果人們肯把問題解決掉，就會變得更精明，財務ＩＱ也會更高。一旦變得更精明，就能解決更大的問題，如果人們可以解決更大的財務問題，就會更富有。

我喜歡用數學做例子來說明。許多人討厭數學，但是大家都知道，如果不把數學作業做好（練習解答數學問題），就無法解答數學問題；如果無法解答數學問題，就無法通過數學考試；如果無法通過數學考試，就會被當；數學被當，高中就無法畢業；高中無法畢業，就只能在速食店拿最低工資。這就是小問題演變成大問題的一個例子。

相反地，如果你勤奮努力練習解答數學問題，就愈來愈聰明，也能解答更複雜的等式。經過多年的努力，你可能變成數學天才，以往看似艱難的事現在變得很簡單。我們都必須從二加二這種簡單算術開始學起，只不過，成功者不會停下來，他們會繼續學習、解決更多問題，也變得更精明。

貧窮的根源

貧窮的人只是比富有的人有更多的問題，最大的不同是，他們欠缺解決的辦法。並不是所有貧窮的根源都跟財務問題有關，有可能是毒癮、所嫁（娶）非人、住在罪惡橫行地區、沒有工作技能、沒有交通工具，或負擔不起健保費用。

目前的一些財務問題，例如：債務過高及低工資，是因為情況超越個人所能解決的能力範圍而造成的，舉例來說，原本高薪的製造工作移往海外，就是造成低工資的原因之一。現在，美國還有許多工作可做，卻都是服務業的工作，不是製造業的工作。我小時候，美國規模最大的雇主是通用汽車公司（General Motors）；現在，美國規模最大的雇主是沃爾瑪百貨（Wal-Mart）。而且，我們都知道沃爾瑪百貨不是以高薪工作或優沃退休金聞名。

五十年前，沒有什麼學歷的人還可能賺大錢，即使只有高中畢業，還是可以在汽車製造廠或鋼廠獲得相當高薪的工作。現在，高中畢業生只能在服務業領取較低的薪資。

五十年前，製造企業提供健保和退休金給付。現在，數百萬名員工不但賺更少的錢，同時卻需要更多錢來支付自己的醫療費用並存錢為退休做打算。日復一日，這些財務問題並沒有解決，反而愈來愈嚴重。而且，這些問涉及的層面更廣，甚至已經是國家性問題，是超越個人能力所能改變或解決的範圍。這些問題源自於不當的經濟政策和偏袒主義。

金錢法則已經改變

一九七一年，尼克森總統取消金本位制，這是一項改變金錢法則的不當經濟政策，也是世界史上最重大的金融變革之一。不過，很少人知道這項改變對當今世界經濟的衝擊，而此也是為什麼現在有這麼多人為錢所困的源起。

一九七一年，美元再也不值錢，因為美元不再是錢，而是一種貨幣。錢跟貨幣可是有很大的差別。「貨幣」（currency）一詞源自於「流通」（current）這個字，簡單來說，貨幣需要保持流通，如果停止流通，就會迅速損失價值。如果損失太多價值，人們就不再接受這種貨幣；如果人們不再接受這種貨幣，幣值就會暴跌到零。一九七一年後，美元開始向零幣值邁進。

從歷史上來看，所有貨幣最終都將一文不值。例如，在獨立戰爭期間，美國政府印製所謂的「殖民地紙鈔」（Continental），不久之後，這種紙鈔就如同壁紙，毫無價值。

第一次世界大戰後，德國政府印製一種貨幣期盼能夠還清國家的債務。後來，爆發通貨膨脹，德國中產階級全都破產了。一九三三年時，備感挫折又宣告破產的德國人民選出希特勒（Adolf Hitler）擔綱總理，希望他能解決人民的財務問題。

一九三三年，羅斯福總統（Franklin Roosevelt）設立社會福利制度（Social Security），來解決美國人民的金錢問題。雖然社會福利制度和老人醫療保險（Medicare）廣受歡迎，但是這二項制度卻會爆發龐大金融問題。如果美國政府印製更多的貶值貨幣解決這兩項制度，那麼美元幣值會迅速下跌，金融問題就會如雪球般愈滾愈大，這不是日後才會發生的事情，而是目前正在發生的問題。根據《彭博社》（Bloomerberg）最近的一項調查報告指出，從小布希總統（George W. Bush）執政以來，美元的購買力已經下降一三．二%。

尼克森總統在一九七一年以美元本位制取代金本位制，就是讓許多人現在債台高築的原因之一，因為美國政府也債台高築。金錢法則在一九七一年改變時，存款人變成輸家，借款人變成贏家。新型態的資本主義隨之出現。現在，當我聽到人們說：「你必須存更多錢」或「存錢為退休做打算」時，我就會訝異這個人是否明白金錢法則已經改變。

依據資本主義的舊法則，存錢是聰明理財的做法；但是在新資本主義，儲存貨幣根本就是瘋狂理財的行徑，這會讓貨幣無法流通，這與新資本主義主張的貨幣必須保持流通的論點背道而馳，因為如果貨幣停止流動，就會愈來愈不值錢。貨幣就像電流，必須在資產與資產之間快速移動，而且貨幣的用途是取得資產，而資產不是貶值，也就是產生現金流動，因此，貨幣必須不斷的流動才能有實質價值的資產，因為貨幣本身會迅速貶值。像黃金、石油、白銀、住宅和股票等實質資產的價格會上漲，是因為貨幣的價值正逐漸下降，這些實質資產本身的價值並未改變，只是取得這些實質資產所需要的貨幣數量有所改變。

根據格來欣定律（Gresham's law）指出：「劣幣驅逐良幣。」一九七一年時，美國開始以逐漸貶值的美元——壞幣——流通全世界。在新資本主義的世界裡，今天先借錢，等明天就可以用更便宜的美元（因為貶值）來還錢，這樣做其實很有道理。美國政府就是這樣做，為什麼我們不能這樣做呢？美國政府目前也債台高築，為什麼我們不能負債呢？當你無法改變制度時，想要成功就只能巧妙地操控制度。

由於金錢法則在一九七一年時改變了，房價也因為美元購買力的暴跌而暴漲，股市也因為投資人為資金尋找避風港而上漲，雖然經濟學家將此稱為通貨膨脹，但是這種情況其實是美元貶值。這種情況讓自有住宅者覺得更有保障，因為他們的房屋價值似乎上漲了。事實上，當自有住宅者的淨資產看似增加之際，美元購買力卻下降。然而，房價更高、工資更低，卻讓年輕人更難購買人生中的第一間房子。如果年輕人並未認清金錢法則已經改變，在美國貨幣持續貶值之際，他們的生活就會比父母親的生活來得更差。

金錢法則的另一項改變

金錢法則的另一項改變發生於一九七四年。在該年以前，企業會照顧員工的退休生活，雇主保證只要退休員工還活著就有退休金可領。或許你已經知道，這種情況已不復存在。

在美國，為員工支付終生退休費用的計畫稱為確定給付制（defined benefit，簡稱DB）退休金計畫。現在，提供這類計畫的企業少之又少，因為費用太過龐大。一九七四年後，一種新型態的退休金計畫出現了，也就是確定提撥制（defined contribution，簡稱DC）退休金計畫。現在，這類計畫就是眾所周知的401(k)、個人退休帳戶（IRAs）和基奧計畫（Keoghs）等。簡單來說，確定提撥制計畫不保證終生退休費用，你只能拿回自己和雇主先前提撥的總金額……，前提是，之前雇主有為你有提撥退休金。

《今日美國》（USA Today）進行一項調查發現，目前美國最大的不安並非恐怖主義，而是擔心退休時錢花光了。這股全民不安的原因之一可以追溯到一九七四年金錢法則的改變，而且是其來有自的，因為美國教育體制並沒有讓人民學習為退休進行準備的理財知識，即使學校有教導一些理財常識，那也只是教導學童如何平衡收支，挑選一些共同基金並準時繳清帳單。然而，我們根本沒有接受足夠的理財教育，讓我們能夠處理未來可能面臨的財務問題。此外，大多數人都不知道金錢法則已經改變，也就是說，如果他們只知道存錢，就會淪為輸家。美國下一個重大經濟危機將是那項看似風光，骨子裡卻資金不足的退休計畫。

政府的安全網

這種缺乏財務保障的政策，導致未來政府必須以社會福利制度和老人醫療保險來做彌補，政府安全網的設立就是要幫不知道如何解決個人財務問題者來解決財務問題。但是現在，社會福利制度和老人醫療保險都破產了。二〇〇八年時，為數高達七千八百萬人的嬰兒潮世代將開始陸續退休，他們大多沒有足夠的退休收入過活。根據美國政府所述，社會福利制度的債務約為十兆美元，老人醫療保險的債務為六十四兆美元。如果這些數字正確的話，那就表示美國政府欠退休人士七十四兆美元，這筆錢比目前全球股市中流通的資金還多，這是需要財務智能才能解決的重大問題。花更多錢在這個問題上，只會讓問題更加惡化，甚至可能讓整個貨幣體系瓦解，讓美元變得一文不值。

為什麼有錢人愈來愈有錢？

金錢法則改變了，那些改變讓你更窮，而且並非你所能掌控的。看起來這些情況似乎很不公平，但事實就是如此。致富的關鍵就是，認清這個體制本來就不公平，學會新的金錢法則，並運用它讓自己獲利。前提是，你必須具備財務智能，而且唯有透過解決財務問題，才能獲得財務智能。

富爸爸說：「有錢人愈來愈有錢，因為他們學會解決財務問題。有錢人把財務問題看成是學習的機會，是成長的機會，是變得更精明的機會，也是變更富有的機會。有錢人知道，他們的財務IQ愈高，就能處理愈重大的問題，因此就能賺更多錢。與其逃跑、規避或假裝金錢問題不存在，有錢人反而歡迎財務問題，因為他們知道解決問題就是讓自己變得更精明的機會。這就是為什麼，有錢人會愈來愈有錢的道理。」

窮人如何處理金錢問題

對於此問題，富爸爸說：「窮人把金錢問題當作麻煩來看，並認為自己是金錢的受害者，甚至有許多窮人認為只有窮人才有金錢問題。他們以為只要擁有更多的錢，金錢問題就不會再困擾他們。殊不知此等看待金錢的態度，就是問題所在。他們沒有能力解決金錢問題，或者乾脆選擇逃避，這樣做只是拖延金錢問題，讓問題變得更嚴重。他們不但沒有變得更富有，反而更窮；不但沒有提高自己的財務ＩＱ，反而只是增加自己的財務問題。」

中產階級如何處理金錢問題

雖然窮人是金錢的受害者，中產階級卻也好不到哪裡去，中產階級是金錢的俘虜。在說明中產階級時，富爸爸說：「中產階級用不同的方式解決個人財務問題。然而，他們不但沒有解決財務問題，反倒是認為自己能夠以機智來處理。中產階級花錢上學，所以他們可以獲得有保障的工作。大多數中產階級都夠聰明也能賺錢、也能存錢，能在自己跟自己的金錢問題之間築一道防火牆做緩衝。他們買房子，通勤上班，謹慎小心，按步就班地升遷，也購買股票、債券和共同基金，為退休生活做打算。他們相信自己的學術涵養或專業能力，足以讓他們跟殘酷無情的金錢世界隔絕。」

「在五十歲時。」富爸爸說，「許多中年人發現，他們被囚禁在自己的辦公室裡，裡頭不乏企業的重要幹部，他們有經驗，賺足夠的錢，也有足夠的工作保障。然而，他們內心深處都知道，自己被錢所困，而且他們缺乏從辦公室脫逃所需的財務智能。他們期望再活十五年，挨到六十五歲就能退休，然後再以較微薄的生活費頤養天年。」

富爸爸說：「中產階級以為他們可以藉由學業上和專業上有更好的表現，以自己的聰明才智勝過財務問題。因為他們大都缺乏理財教育，所以重視財務保障，反而不敢利用財務來做挑戰。他們沒有成為企業家，反而替企業家工作，他們沒有進行投資，反而把自己的錢交給理財專家管理。他們沒有提高自己的財務ＩＱ，反而躲在自己的辦公室裡瞎忙。」

有錢人如何處理金錢問題

檢視財務智能時很容易發現，每個人必須開發五項核心智能才能致富，並用財務ＩＱ來衡量。這本書就跟這五大財務智能和ＩＱ有關。

這本書也跟「integrity」（譯注：有誠信、健全之意）有關。大多數人想到「integrity」這個字時，會聯想到「誠信」這項道德概念。不過，我用這個字並不是指這個意思，「integrity」也意謂著「健全」。根據《韋氏字典》（Webster's）指出，integrity有「圓滿或完全的狀態或特質」的意思。精通這本書所介紹的五大財務ＩＱ者，就能達到財務健全。

當有錢人有金錢問題時，他們會運用財務ＩＱ來解決。如果不知道如何解決時，他們不會選擇逃避或生氣，反而找出能協助他們解決問題的專家，並且在這個過程中，增進理財智慧，等到下次問題出現時，就更有能力可以解決。有錢人不會放棄，他們趁機學習，累積解決能力，因此，他們就更富有。

解決別人的財務問題

富爸爸也說：「許多人替有錢人工作，解決有錢人的金錢問題。」舉例來說，會計人員幫有錢人算帳；業務員幫有錢人推銷產品；辦公室主任幫有錢人管理營運；秘書幫有錢人接聽電話並接待顧客；律師則幫有錢人免受訴訟之災；會計師幫有錢人避稅；銀行家幫有錢人把錢保管好。

富爸爸瞭解到，大多數人努力解決別人的金錢問題。但是，誰來解決工作者的金錢問題？大多數人回到家裡面對許多問題，金錢問題是其中之一。如果自己無法在家處理好金錢問題，這個問題就會像牙痛一樣引發其他問題。

許多窮人和中產階級為有錢人工作，下班後卻無法在家解決自己的金錢問題。他們沒有把財務問題當成讓自己更精明的籌碼，反而回到家坐在客廳的沙發上喝飲料、看電視。

隔天早上，他們回到辦公室裡再次解決別人的問題，讓別人更富有。

窮爸爸的解決方案

我的窮爸爸設法藉由回學校唸書來解決他的金錢問題。他喜歡學校，成績也很優異，因此，他努力不懈地取得更高的學位，成為一位博士。有了高學歷，他想找薪資更高的工作，所以，設法藉由在學業和專業上更優異的表現，想以機智勝過他的金錢問題，卻無法在理財方面變得更精明。他是一位教育程度高又努力工作的人，遺憾的是，這些特質卻無法解決他的金錢問題。因為他逃避自己的金錢問題，就算他的收入增加，金錢問題卻只是愈來愈嚴重。

富爸爸的解決方案

我的富爸爸會尋求財務挑戰，這就是他開創事業並積極投資的原因所在。許多人認為他這樣做只是為了賺錢；但事實上，他這樣做是因為他熱愛向財務挑戰，尋求解決財務問題，而不是為了賺錢才這麼做，是為了讓自己更精明並提高自己的財務ＩＱ。富爸爸常用高爾夫球賽做比喻，說明他的金錢哲學。他會說：「**金錢是我的分數，財務報表是我的成**

績單，這兩樣東西告訴我，我有多聰明，在比賽中表現得有多好。」簡單講，富爸爸因為金錢遊戲是他的遊戲，而他想在遊戲中表現最好，所以他愈來愈富有。當他年歲漸長，他對他的遊戲更加在行，所以他的財務ＩＱ也愈來愈高，錢也源源不絕地湧進。

後續章節中，將介紹想提高財務ＩＱ，並達到財務健全必須開發的五大財務ＩＱ。雖然開發的過程並不容易，甚至可能要花上一輩子的時間，但好消息是，很少人知道這五大財務ＩＱ，至於有動機開發本身財務ＩＱ並讓自己在金錢遊戲中獲得高分的人就更少。光是知道這些財務ＩＱ，你就能比社會上九五％的人及早做好準備，解決你的金錢問題。

以我個人來說，我每天都努力增加這五大財務ＩＱ。對我而言，我的理財教育永無止盡。在一開始時，我提高個人財務ＩＱ的過程既艱辛又笨拙……，就跟我剛學打高爾夫球時一樣。我遭遇許多失敗，虧了很多錢，讓我備感挫折也負債累累。

起初，我的同學都比我會賺錢。現在，我卻比大多數同學會賺錢。雖然我很喜歡錢，但是我主要是為了尋求挑戰而工作。我喜歡學習，因為我喜歡金錢遊戲，所以我工作，而且我想在我的金錢遊戲中有最好的表現。可喜的是，我早就可以退休了，而且這輩子生活無憂。但是，如果退休了，我要做什麼？打高爾夫球嗎？這倒不是我擅長的遊戲，只是一種消遣；做生意、投資和賺錢才是我擅長的遊戲。我喜歡我的遊戲，我熱愛我的遊戲，所以，如果我退休了，我會失去熱情，沒有熱情，人生還有什麼樂趣可言？

誰該參與金錢遊戲？

你一定會問我，每個人都應該參與金錢遊戲嗎？我的答案是，不管你喜不喜歡，每個人都正在參與金錢遊戲。不論貧富，我們都捲入在這場金錢遊戲中。差別是，有些人比別人更認真玩，他們瞭解規則並運用規則讓自己獲利。有些人更專注、更熱愛、更致力於學習與致勝。說到金錢遊戲，大多數人在這場金錢遊戲中，如果他們知道自己參與金錢遊戲的話，相信他們都是抱著不輸就好的心態，而沒有勢必要贏的決心。

既然我們不管怎樣都會被捲入金錢遊戲中，那麼我們最好都該問問：

1. 你是金錢遊戲的學生嗎？
2. 你專注於在這場遊戲中並設法取得勝利嗎？
3. 你熱愛學習嗎？
4. 你願意全力以赴嗎？
5. 你想讓自己盡可能的富有嗎？

如果你對上述問題的答案都是肯定的，那麼看這本書準沒錯。如果不是，你可以挑一些更簡單的書來看，選擇更簡單的遊戲參與。就如同高爾夫球賽一樣，職業高爾夫球選手很多，但是有錢的職業高爾夫球選手卻不多。

【摘要】

金錢法則在一九七一年和一九七四年改變了，這些改變在全球各地引發大規模的財務問題，要解決這些問題，就需要更多財務智能。遺憾的是，我們的政府和學校一直沒有處理這些改變和問題。所以，目前的財務問題猶如龐然大物般令人驚恐。而且，在我有生之年，美國將從世上最富強國家，淪為世上債務最高的國家。

許多人指望政府解決他們的財務問題。我不知道當政府連自己的金錢問題都解決不了時，如何能解決你的財務問題。依我所見，個人應該把自己的問題解決掉，如果能把自己的問題解決掉，也就會愈精明，也愈富有。

本章所建議的課題是，不論貧富，我們都有金錢問題。致富及增加財務智能的唯一方式是，主動解決你的金錢問題。

窮人和中產階級傾向於逃避金錢問題或假裝自己沒有金錢問題，這種態度是不正確的，只會讓金錢問題依舊存在，也無法讓個人的財務智能有所增加。

有錢人卻能輕易地駕馭財務問題，他們知道解決財務問題會讓他們更精明，也能提高他們的財務ＩＱ。他們也知道，致富的最後關鍵正是財務ＩＱ，並不是錢。

窮人和中產階級的問題在於，錢不夠；有錢人的問題在於，錢太多。這兩種問題都是既實際又合理的問題，但是關鍵在於，這兩種問題，你要哪一種？如果你要「錢太多」這個問題，請繼續看下去。

Chapter 2

致富必備的五大財務IQ

想要致富，你就要具備以下這五大財務ＩＱ：

財務ＩＱ＃1：賺更多更多錢

財務ＩＱ＃2：保護好你的錢

財務ＩＱ＃3：錢都編列預算

財務ＩＱ＃4：懂得用錢賺錢

財務ＩＱ＃5：善用理財資訊

財務智能與財務ＩＱ的比較

我們都知道，智商（IQ）一百三十的人應該比九十五的人更聰明，同樣的比較也能應用在財務ＩＱ。你可能在學術智能上堪稱天才，卻在財務ＩＱ上很低能。

我常被問到：「財務智能和財務ＩＱ有何不同？」我的答案是：「**財務智能是人們用於解決財務問題之心智智能的一部分。財務ＩＱ則是財務智能的評量，可說是的財務智能的量化指標**。舉例來說，如果我賺十萬美元，要繳稅二〇％。跟賺十萬美元要繳稅五〇％的人相比，我的財務ＩＱ就比較高。」

以這個例子來看，稅後淨賺八萬美元比稅後淨賺五萬美元的人，有更高的財務ＩＱ。所以，能守住更多錢的人，財務ＩＱ比較高。

評量財務智能

財務IQ#1：賺更多更多錢。我們大都具備足夠的財務智能，讓我們賺錢。賺愈多錢，你的財務ＩＱ＃1就愈高。換句話說，每年賺進一百萬美元的人較每年賺進三萬美元的人，有更高的財務ＩＱ＃1。而且，如果有二個人每年都賺進一百萬美元，繳比較少稅的人就有比較高的財務ＩＱ＃1。因為此人利用財務ＩＱ＃2：保護好你的錢，讓財務健全狀況更佳。

我們都認識這種人，他們在學校成績較好、智商較高、是教室裡的天才學生，卻無法在現實世界裡賺更多錢。我的窮爸爸就是其中的一個，他是一位優秀教師和認真工作者，他在學時是高材生，智商高，財務ＩＱ卻低。他在學術界表現優異，在商業界卻表現拙劣。

財務IQ#2：保護好你的錢。這個世界正伸手向你拿錢。但是，把你錢拿走的人並非都是騙子或不法之徒。稅金就是把我們的錢拿走的最大掠奪者之一，而它的合法執行者就是政府。

如果某人的財務ＩＱ＃2很低，他（她）就要繳更多稅。舉例來說，賺一樣的錢，有人繳二〇%的稅，有人卻繳三五%的稅，稅繳少一點的人，財務ＩＱ就比較高。

財務ＩＱ＃3：錢都編列預算。把你的錢通通編列預算，這樣做必須具備許多財務智能。許多人在編列預算時像窮人一樣，怎麼說呢？許多人賺很多錢，卻無法留住很多錢，只因為他們不大會編列預算。舉例來說，小王每年賺進七萬美元卻把全數花光，小張每年賺進三萬美元卻能用二萬五千美元過好日子，並拿五千美元做投資。兩相比較後，小王的財務ＩＱ＃3就比小張低。你應該積極為多餘的錢編列預算，這個部分在後續章節會再詳述。

財務ＩＱ＃4：懂得用錢賺錢。將個人多餘的錢編列預算後，下一個財務挑戰就是充分運用這筆多餘的錢。大多數人把財務盈餘存到銀行，這在一九七一年以前，也就是美元變成貨幣之前，這樣做是是很聰明的。況且，在一九七四年以後，工作者必須為自己存夠退休金，但是仍有數百萬名工作者不知道要投資什麼，所以他們將財務盈餘分散投資共同基金，希望這樣做能充分利用自己的錢，用錢來賺錢。

雖然儲蓄和分散投資共同基金是一種以錢賺錢的形式，不過，有更好的方式，讓你充分利用自己的錢。如果你對自己夠誠實，就會承認儲蓄和投資共同基金不需要什麼財務智能，因為你可以訓練猴子儲蓄和投資共同基金。這就是為什麼就歷史來看，這些投資工具的報酬都不高。

財務ＩＱ＃４是以投資報酬做評量。舉例來說，小王的投資報酬率為五〇％，小林的投資報酬率為五％，則小王的財務ＩＱ＃４比較高。而且，小王的投資報酬率為五〇％又不扣稅，小林的投資報酬率為五％又要扣三五％的稅，相較之下，小王的財務ＩＱ＃４就高得多。

還有一項值得注意的事，許多人認為投資報酬率高，風險就高。事實卻不然，在本書後續章節，我會說明自己如何達到驚人報酬，而且只繳相當少的稅，而且我的做法風險極低。對我來說，分散投資共同基金和儲蓄的風險還比我的做法更冒險，一切都跟財務智能有關。

財務ＩＱ＃５：善用理財資訊。有一句至理名言這樣說：「在學會跑之前，要先學會走。」這句話也能應用在財務智能上。在人們可以學會如何用自己的錢賺取相當驚人的高報酬前（財務ＩＱ＃４：懂得用錢賺錢），他們必須先學會走路，換句話說，要先學會財務智能的基本原理與原則。

許多人被「財務ＩＱ＃４：懂得用錢賺錢」所困，是因為他們被教導要把自己的錢交給理財專家，例如：銀行家和共同基金經理人。這樣做的問題在於，你就失去學習的大好機會，也無法增加你的財務智能，也就無法成為自己的理財專家。如果把錢交給別人管理，要別人來解決你的財務問題，你就無法增加你的財務智能。其實，這樣做反而是拿自己的錢來獎勵別人。

如果你具備財務資訊的穩健基礎，要增加你的財務智能就容易得多。但是，如果你的財務ＩＱ很低，那麼新的財務資訊可能會讓你感到困惑，當然你也會搞不清楚這項資訊重要與否。我先前曾經說過，即便數學天才也要從簡單的加法開始學起，專注於你的理財教育，這樣做的好處之一是，經年累月後，你更能理解複雜的財務資訊，如同數學家在多年練習解答數學問題後，可以解答複雜等式一樣。容我再次提醒你，在學會跑之前，要先學會走。

我們大多有過這樣的經驗，在課堂上、在聽演講或在跟人交談時，接受到完全不懂的資訊；又或者，我們在課堂上接收難懂的資訊，我們試著搞懂，卻讓自己頭痛欲裂。這表示老師教得很爛，不然就是學生要先把基本資訊搞懂。

以我個人來說，在財務資訊方面，我表現得很不錯。經過幾年的研究，我可以瞭解大多數的財務概念。不過，說到科技這方面，我卻很不在行。我很少使用手機或打開電腦，幾乎跟科技有關的每樣東西都讓我頭痛，如果說到科技智商，我一定很低能。重點是，我們都必須從某個地方開始學起。如果我想修讀網站設計課程，我會陷入大麻煩，因為在學會設計網站前，必須先學會使用電腦！要唸好這門課所需的基本資訊，就讓我夠頭痛了。

我寫這本書是要讓財務資訊盡可能變簡單易懂，讓大家對於某些複雜的財務策略有所瞭解。在這本書裡，我保證你看到的內容都是我做過或我正在做的事。如你所知，許多老師和作者告訴你該怎麼做，他們卻沒有遵照給你的建議去做。許多理財專家和老師根本不知道，他們自己所講或所做是否真的奏效。換句話說，許多人根本言行不一致。

舉例來說，許多理財專家建議人們儲蓄並分散投資共同基金。這項建議的問題在於，大多數建議者不知道這樣做是否經得起時間的考驗。這項建議聽起來很好，做起來也很容易，也不需要太多財務智能。問題是：「這項建議有效嗎？」理財顧問能跟你保證，這項策略會讓你獲得財務保障嗎？萬一美元暴跌變得一文不值，你的存款淪為廢紙，怎麼辦？萬一股市像一九二九年一樣崩盤，怎麼辦？分散投資共同基金能讓你安然度過股市恐慌和經濟衰退嗎？萬一因為美元購買力暴跌，一公升牛奶要一百美元，引發惡性通貨膨脹，你能承受得起嗎？萬一美國政府無法支付年長者社會福利給付和老人醫療保險費，怎麼辦？

每當我聽到理財專家建議：「儲蓄並分散投資共同基金」，我就感到厭煩。我想問問這樣說的理財專家：「你能保證，這項理財策略會奏效嗎？你能保證，這項理財政策會讓我和我的家人這輩子都獲得財務保障嗎？」如果理財顧問是個老實人，他一定會說：「不，我無法保證我所提的建議，會讓你在財務上獲得保障。」

當然我也無法保證，我的建議會讓你和你的家人在日後獲得財務保障，因為未來會出現太多改變和意外。這個世界正在迅速變遷，規則已經改變，而且會繼續改變。擴大中的技術正讓窮國取得財務實力，創造更多富人和窮人，也製造更重大的財務問題和機會。

我寫書、設計理財產品並強調五大財務智能的重要性，是因為我相信美國和世界正處於一個我們前所未見的經濟大變動中。我們有太多財務問題一直沒有解決，我們不但沒有運用財務智能來解決問題，反而發行更多日漸貶值的貨幣。我們以過時構想來解決現今的問題，這樣做只會擴大更大的問題和更新的問題，這也就是為什麼我相信五大財務智能很重要的原因。如果你要開發這五大財務智能，你就更有機會在快速變遷的世界裡擁有優異的表現。你將更有能力解決自己的問題，也能增加你的財務智能。

把我教你的事勤加練習

我要向你保證，我只寫我做過或我正在做的事，這本書的內容就是這種形式，我只講實務，不講理論。這並不表示我建議你照我的方式去做，也不代表我的做法對你有效。我只想把我的經驗跟你分享，讓你知道解決財務問題的旅程，這個旅程至死方休。我會利用這本書跟你分享我在這個旅程中學到什麼，協助你增加你自己的財務ＩＱ＃５：善用理財資訊。

我也知道，我無法回答所有問題。我不知道自己是否能在龐大的金融災難中倖存。但我知道，不管日後出現什麼問題或挑戰，我只會把它們當成讓我更精明，並提高財務ＩＱ的大好機會。我不會驚慌失措，因為我相信我具備財務智能，所以能調適也能成功。我希望你也一樣，這就是我創辦富爸爸公司（The Rich Dad Company）並設計理財產品與課程的原因。這一切跟具備適當的理財答案無關，而是跟具備適當的理財能力有關。如同我的富爸爸所說：「答案關乎過去，而能力卻攸關未來。」

我們擁有其他智能

我們都不一樣，有不同的興趣和厭惡之事，有不同的優點和缺點，有不同的天賦與才能。

我這樣說，因為我不認為財務智能是最重要的智能或是唯一的智能。財務智能只是我們都需要的一項智能，因為我們生活在一個金錢世界裡，或者更確切地說，我們都生活在一個貨幣世界裡。就像我的富爸爸所說：「不論貧富，聰明與否，我們都要用到錢。」

有很多重要的智能，包括：醫療智能。每次我跟醫生見面時，我很感激他奉獻畢生心力開發他的醫療智能和天賦。我也很慶幸，不管我面臨怎樣的醫療挑戰，都有足夠的錢和保險來支付費用。在這方面，我的富爸爸說：「金錢不是人生中最重要的事，卻會影響到每一件重要事物。」當你想到錢，就會想到它影響我們的生活水準、影響我們的健康和教育。根據調查顯示，窮人的健康狀況較差，教育程度較低，壽命也較短。

在開發我們的五大財務智能以前，我要先說清楚，我不認為財務智能是所有智能中最重要的一項。金錢不是人生中最重要的事；但是，如果你停下來想一想，你的財務智能確實會影響到你和你生活中的許多重要事物。

其他類型的智能

現在，我們要在社會上生存並獲得成功，就需要一些不同的智能。有三項重要智能是：

1. 學術智能。學術智能是我們的讀寫能力，運算能力和處理資料的能力，是一項相當重要的智能。利用這項智能可以瞭解颶風可能在什麼時候侵襲什麼地方，造成何種傷害。

2. **專業智能**。我們運用這項智能來取得技能並賺錢。舉例來說，醫師會花許多年時間培養這項相當重要的智能，而此會讓他們擁有相當高的收入，同時也解決許多人的健康問題。

以簡單的措辭來說，專業智能是我們用來解決他人問題的智能，而且人們願意為這些解決方案付費。如果我的車子壞了，我很樂意付錢給維修工人，請他幫我修車。我也樂意付錢給我的管家，請她幫我們解決家中大小瑣事。

在我的事業方面，我雇用不同的人才幫忙管理不同事務。這些人有高超的人際手腕，也有很傑出的技術技能。對我的事業而言，這些人和他們所具備的不同智能都是不可或缺的。富爸爸給我的一項重要啟示是，不同事業需要不同的技術智能。舉例來說，在富爸爸公司，我需要有卓越經營技能與交際手腕的人才。在我的房地產事業，我需要有技術技能的人才，例如：有證照的管線工程人才和配電工程人才。

3. **健康智能**。健康與財富有關。健保和國民健康狀況正迅速成為全世界所面臨的最大問題。社會福利制度只是負債十兆美元的問題，老人醫療保險卻是負債高達六十四兆美元的問題。如你所知，有很多人藉由讓別人生病而致富，垃圾食物、飲料、煙酒和處方藥等產業就是一例。而且，這些健康問題的代價就以稅金的形式落在你我身上。

我想說的是，在我們居住的這個世界中，每個人都需要不同的教育和智能，才能擁有安逸的生活。雖然，我不認為財務智能是最重要的，但是它確實影響到生活週遭的每件事情。

並非每個人都需要財務智能

如果你夠幸運，能繼承一筆遺產，你就不需要太多財務智能，你只需雇用具備財務智能優秀人才幫你就好；如果你打算嫁給有錢人，就不需要太多財務智能；如果你出生於富裕之家，你也不需要太多財務智能，除非你是一個敗家子。

同樣地，如果你打算為政府工作，拿終生退休俸過活，或者你替奇異（GE）公司這一類提供給付制退休金計畫，會幫你支付終生退休金和醫療給付的企業工作，那麼你不需要太多財務智能。

如果你跟大多數人一樣，就需要一些財務智能，才能在當今的世界中存活，即使你打算仰賴社會福利制度和老人醫療保險也一樣。事實上，如果你打算靠這麼少的錢過活，你可能需要許多財務上的見識。

誰最需要財務ＩＱ？

當我們審視現金流象限圖（CASHFLOW Quadrant）時，很容易明瞭誰最需要財務ＩＱ。

對於那些可能還沒看過我的第二本著作《富爸爸，有錢有理》（Rich Dad's Cashflow Quadrant）的人來說，我在此稍作說明。現金流象限是跟構成金錢世界的四種不同人群有關。

E：代表受雇者。

S：代表小公司老闆、自雇者或專業人士。

B：代表大企業所有人或擁有五百名以上員工的企業主。

I：代表投資者。

對於在E象限發展事業生涯者，他們或許不認為自己需要許多財務智能。同樣的情況也出現在S象限人士身上。

我的窮爸爸這輩子大多待在E象限，他是一位學者，不太重視財務智能。直到他失去工作，進入商場，才領悟到財務智能的重要性。不到一年內，他的存款和退休金就花光了，如果不是社會福利制度和老人醫療保險，他可能就陷入嚴重的財務困境。

我的母親是一名護士，她希望我當醫生，她知道我想致富，而她認識最有錢的人都是醫生。她希望我進入S象限，不過那是醫療保險費用尚未飆漲前的時代。身為護士，母親不認為自己需要太多財務智能。她認為我想致富，就找高薪工作做。就像你所知道的，有很多高薪工作者根本沒有錢。

如果你想成為B象限的企業家或I象限的專業投資者，財務智能就是一切。對於B象限人士和I象限人士來說，財務智能不可或缺，因為這是你取得報酬所需要的智能。在B象限和I象限，你的財務智能愈高，所得也就愈高。

富爸爸跟我說過：「你可能是一名成功的醫師，卻還是很窮；你可能是一名成功的教師，卻還是很窮。但是，如果你是一名成功的企業家或投資人，你不可能很窮。在B象限和I象限，成功是以金錢來衡量的，那就是為什麼，財務智能如此重要的原因。」

【摘要】

一九七一年後，美元變成貨幣。一九七四年時，企業不再支付員工終生退休金。這二大改變所造成的結果，讓財務智能變得比以往更重要。雖然對每個人來說，財務智能很重要，但是對特定人士，尤其是打算在B象限和I象限發展事業的人來說，財務智能愈是重要。

我們的學校體制沒有教導學生太多有關金錢的事，原因之一在於，大多數教師都是E象限人士，他們本身都是受雇者，教出來的學生也是E象限人士和S象限人士。如果你打算在B象限和I象限打拚，你就必須具備五大財務智能，而且這些是你在學校無法學到的知識。

簡單地說，這五大財務ＩＱ是：

財務ＩＱ＃１：賺更多更多錢

財務ＩＱ＃２：保護好你的錢

財務ＩＱ＃３：錢都編列預算

財務ＩＱ＃４：懂得用錢賺錢

財務ＩＱ＃５：善用理財資訊

再次提醒，**財務智能是我們用於解決特定財務問題的智能，而財務ＩＱ則是將我們的成效加以評量或量化。**

現在，我們就要學習財務ＩＱ＃１：賺更多更多錢。

Chapter 3

財務IQ #1
賺更多更多錢

INCREASE YOUR FINANCIAL IQ

我在紐約商船學校（U.S. Merchant Marine Academy）唸了四年後，於一九六九年畢業，在加州的標準石油公司（Standard Oil）找到第一份工作，即是在運油船上擔任三副，航行於加州、夏威夷、阿拉斯加和大溪地之間。這個工作很棒，這間公司也很棒，我每年只要工作七個月，就能休假五個月，又有機會看看世界，況且薪水也很不錯，年薪為約四萬七千美元，相當於今天的十四萬美元，折合新台幣約四百多萬元。

對於一九六九年剛從大學畢業的毛頭小子來說，年薪四萬七千美元可是一大筆錢，以目前來看也一樣。不過，和一些同學相比，我的薪水並不高，我有一些同學也當三副，剛開始年薪就有七萬美元到十五萬美元不等，那等於是現在的二十五萬美元到五十萬美元的年薪。對於二十二歲剛從學校畢業的人來說，這樣的薪水實在很不錯。

同樣擔任三副，我的薪水卻比較低，那是因為標準石油公司不是一家有工會組織的航運公司，我的同學拿較高的薪水是依據工會標準薪資。四個月後，我就辭去標準石油公司的高薪工作，加入海軍陸戰隊參加越戰。因為我覺得自己有義務為我的國家服務，雖然當時我有許多友人都想盡辦法要避免徵兵，許多人乾脆唸研究所，有一位友人還遠赴加拿大避免被徵召。其他人則想出奇奇怪怪的疾病，希望體格檢查被列為4-F，因為健康狀況不佳而不必被徵召。

當時，我因為在非國防重要產業類別工作，所以不必被徵召。由於石油是戰爭的必備物資，在石油公司工作，徵召委員會無法徵召我，所以不必像我的友人一樣逃避參戰。當我自願參戰時，我的友人都相當震驚。

對我而言，參戰和打仗並不是做此決定最困難的部分。我在一九六六年就去過越南，當時是以學生身分到金蘭灣（Cam Ranh Bay）學習貨運作業，當時我天真的以為，戰爭是一件令人興奮的事情，所以一點也不擔心打仗、殺戮以及戰死在沙場上。

我做此抉擇最困難的部分在於必須接受減薪，海軍陸戰隊少尉的起薪為年薪二千四百美元。我在標準石油公司只要上班二週就能賺到這筆錢。更重要的是，再考慮到原本跑船時一年只要工作七個月就能休假五個月，加入海軍陸戰隊等於放棄很多東西。當時，我在標準石油公司工作七個月，月薪約為七千美元，然後停薪休假五個月，但是我不必擔心沒上班就被解雇。這種工作實在不錯，當時很多人都會樂於接受這種工作。

標準石油公司是一家有愛國精神的企業，當我告知公司我要離職為國家服務時，公司非常瞭解我的心意也跟我說，如果我活著回來，還可以繼續回到公司上班，而我的服役年資就併入工作年資。

直到現在，我還記得當時走出標準石油公司在舊金山市場街的辦公室時，我的胃很不舒服。我不斷地問自己：「你在做什麼？你瘋了嗎？你不必去，你不必參戰。你沒有被徵兵。唸了四年書，你現在終於可以賺很多錢了。」想到每個月的收入要從四千美元變成二百美元，我的頭好痛，我幾乎想轉身回公司，不想離職了。

我最後一次注視標準石油公司的大樓，然後開車到吉拉德利廣場，在我最喜歡的布溫納維斯特酒吧，像有錢人那般揮霍。我明知道加入海軍陸戰隊月薪只有二百美元，但這可能是我最後一次可以大肆揮霍，好好享受的機會了。

我走進酒吧做的第一件事是請所有客人喝一杯酒，於是店裡的氣氛馬上像開派對那樣熱鬧，享受完歡愉的夜晚。隔天早上，我從舊金山開車前往佛羅里達州朋沙科拉的海軍航空站基地，我即將在那裡接受飛行訓練。一九六九年十月，我向飛行學校報到。二週後，當我看到月薪二百美元的支票（扣稅後）長什麼樣子時，我幾乎想要去撞牆。

五年後，我從海軍陸戰隊光榮退伍，當中有一年我都待在越南。當時二十七歲的我，有二個工作等著我去做，一是擔任貨船高級船員，另一是擔任機師。

有一段時間，我考慮回去標準石油公司上班，我很喜歡這家公司也很喜歡舊金山，而且薪資很不錯，因為公司把我服役的年資也列入計算，所以我可以從年薪六萬美元起跳。

我的另一個選擇是在航空公司擔任機師，我在海軍陸戰隊的飛官同事都在航空公司擔任機師，起薪很不錯，年薪三萬二千美元。雖然薪水比不上標準石油公司的薪水，但是航空公司機師的工作很吸引我。最重要的是，航空公司的薪水總比我在海軍陸戰隊擔任飛官五年，月薪九百八十五美元要好得多。

後來，我沒有回去標準石油公司上班或擔任航空公司機師，我反而在檀香山市中心的全錄公司（Xerox Corporation）找到一份工作，當時月薪為七百二十美元。我又再一次地接受低薪資的工作，我的親朋好友都認為越戰讓我變得腦筋不正常。

現在，你或許會問我，為什麼我要在檀香山這種生活費相當高的大都市裡，找一份月薪七百二十美元的工作。你會在這本書的主題找到答案：提高財務ＩＱ。當時我接下全錄公司的工作不是為了薪水，而是為了增加我的財務智能，尤其是財務智能＃１：賺更多更多錢。我決定，對我而言，當企業家是賺錢的最佳方式，當航空公司機師或貨船高級船員並不是讓我賺錢的最佳方式。我知道，如果打算成為企業家，就需要推銷技能，但是我唯一的問題是：害羞又怕被拒絕。

然而，全錄公司提供專業推銷訓練，這家公司亟需推銷員，我剛好想成為推銷員，這是一個很棒的交易，我們解決彼此的問題。我在全錄公司上班不久後，公司就派我搭機到維吉尼亞李斯堡的總公司受訓，於是，我的推銷訓練就此展開。

我在全錄公司工作四年，從一九七四年到一九七八年，這段時間相當辛苦。前二年，有好幾次因為賣不出產品，差一點被解雇。我不但賣不出產品，讓自己有丟掉工作飯碗之虞，甚至於沒有賺到什麼錢。但是，我有一個目標，就是成為檀香山分公司最頂尖的推銷員，而且要以堅定的決心面對挑戰。

在全錄公司工作二年後，推銷訓練和街頭經驗開始展現成果，我終於達成目標，成為檀香山分公司最頂尖的推銷員，不僅解決太害羞和怕被拒絕的問題，也學會如何推銷，更棒的是，我賺的錢比高級船員和機師還多。如果當初我在戰後接受那二項工作的其中一項，從此安居樂業，那麼我可能永遠都沒有機會克服被拒絕和害羞的問題，也絕不可能因為面臨那些挑戰並克服挑戰而獲得報酬。我從在全錄公司工作的經驗中，學到一項寶貴的教訓：解決問題就是通往財富之路。

當我達成目標並成為最頂尖的推銷員時，我就辭職轉行，接受新的挑戰——創業。創業者大都知道，必須第一個問題是：財務ＩＱ＃１：賺更多更多錢。既然我現在沒有財源收入，我必須迅速解決財務ＩＱ＃１。

在你辭職前

我在之前的著作《富爸爸，離職創業》（Rich Dad's Before You Quit Your Job）中提到，我如何打造我的第一個事業，那就是率先推出衝浪者尼龍錢包（Velcro surfer wallet）的過程。在那本書裡，我寫到構成任何事業的八項元素，也指出沒有具備這八項元素，就是事業失敗和無法轉虧為盈的原因。我相信對於想要成為企業家並開創個人事業的人來說，那是一本很重要的書。在你辭職前，最好先看過那本書。

在那本書裡，我寫到自己的事業如何在一年內獲得成功，成為百萬富翁，接著卻突然遭遇失敗。我說明沮喪與失落的感受，以及在事業失敗後很想跑去躲起來。我當時債台高築，面臨有生以來最大的財務問題。

然而，富爸爸鼓勵我面對我的問題並重建事業，不要逃避、不要宣告破產。他提醒我，解決這個棘手問題能讓我增加財務智能，那是我獲得最佳的忠告之一。雖然面對問題和重建事業的過程很痛苦，但是這樣做對我卻是最好的教育。我花了幾年時間解決這項財務問題並重建事業，但是這項過程讓我提高五大財務ＩＱ，也讓我成為一名在財務方面更加精明的企業家。

重整我那殘破不堪的事業正是我的商學院課程。我必須先做到的第一件事是，把構成事業的八項元素集結在一起，也就是所謂的B-I三角（B-I triangle）。我必須做的第二件事是，藉由找出具競爭優勢的利基，重新定義我的事業。一九八一年，我開始重建我的事業，當時市場上做尼龍錢包的廠家不勝枚舉，有來自韓國、台灣和印尼的廠商，他們的產品都銷售全球。於是，尼龍錢包的零售價格從我率先推出時的十美元，下跌到在夏威夷街頭和世界各地市集用一美元就能買到。尼龍錢包變成一種大眾化商品，在商品市場中，低價才是贏家。為了以商品的身分競爭，我需要一個市場利基，必須成為消費者耳熟能詳的一個品牌，於是我請搖滾明星來代言。

如同我在《富爸爸，離職創業》中所述，我誤打誤撞地進入搖滾事業，從而拯救了我的事業。不久後，我就替范海倫合唱團（Van Halen）、猶太祭司合唱團（Judas Priest）、杜蘭杜蘭合唱團（Duran Duran）、鐵娘子合唱團（Iron Maiden）、喬治男孩（Boy George）和其他樂團生產尼龍錢包。因為我生產的是合法授權產品，所以每個錢包的零售價又回到十美元。雖然現在我要支付權利金給樂團，但是生產合法授權產品給我一個大好機會，開始跟全美各地和全世界的零售商做生意，事業再次蓬勃發展，也讓我賺進不少錢。

我說過，增加個人財務智能的方式就是解決眼前的問題。一九八一年時，我已經解決事業上的問題。但是，很快地，下一個問題出現了：打擊我的低價競爭對手，以及仿冒我的產品的不肖業者。

問題以侵害著作權的形式出現。仿冒我第一項產品，也就是原創尼龍錢包的廠商，又開始拷貝我的競爭利基，仿冒我生產的授權產品，並以更低的價格銷售，而且還不必支付樂團權利金。

經過幾個月的司法訴訟後，我明白這樣做只是讓我的律師賺大錢，他們跟我索取高價，卻沒辦法在法庭裡幫我打贏官司，這些仿冒品廠商比我的律師更精明也更能幹。我的律師群跟我說，要打贏官司還需要更多錢，我很快的明白，我只是付錢給另一群剝削者（我的律師），只不過這些人跟我站在同一邊而已。我從做生意和金錢方面學到另一項寶貴教訓，那就是下一章要介紹的主題——財務ＩＱ＃2：保護好你的錢。

有一句諺語說：「如果你無法打敗他們，就加入他們。」我厭倦了花大錢卻打輸官司，我把律師開除掉，搭機飛往韓國、台灣和印尼，跟當地的仿冒品廠商協議。我沒有控告他們，那樣做只是讓我花更多錢，我反而授權給競爭對手，請他們替我生產錢包。我的生產成本下降，法律費用減少，也有更好的工廠做後台，而我只做我最擅長的事——推銷。於是，生意再次興隆，不久後，我們的產品就透過百貨公司和搖滾音樂會銷售。

一九八二年時，MTV音樂頻道開播，生意透過這個頻道又攀登高峰，也讓我賺了不少錢。

一九八四年一月，我將自己在搖滾尼龍錢包事業的股份，出售給二位合夥人。我太太金（Kim）跟我離開夏威夷，搬到加州創辦理財教育公司，當時我以為推銷產品和推銷教育相差不遠。一九八五年，是我跟金這一生中最悲慘的一年，我們的存款用光了，面臨「錢不夠」這個大問題。我以前破產過，但是金卻沒有，她跟我在一起是因為她信任我。不過，我們一起工作，一起打造一家指導他人創業的國際事業，並在美國、澳洲、紐西蘭、新加坡和加拿大等地設立據點。一九九四年時，金跟我把這個事業出售，靠著從房地產投資獲得的足夠收入，這些所得足夠我們這輩子花用，所以我們決定退休。

退休後，我們又開始覺得生活好無趣。在短暫的退休生活後，金跟我在一九九六年製作現金流（CASHFLOW）遊戲，在一九九七年，我們出版《富爸爸，窮爸爸》（Rich Dad Poor Dad）一書。二〇〇〇年年中，電視知名主持人歐普拉（Oprah Winfrey）邀我上節目接受一小時的訪談，後來發生的事大家都知道。現在，富爸爸公司是一項國際事業，之所以成功主要歸功於之前經營事業大起大落所學到的教訓。如果我沒有從解決問題中學習，絕不可能有現今的成就；如果當初我選擇逃避問題，讓困境壓垮我，你現在應該沒辦法看到這本書。

有目標就有過程

我們都知道，每一個值得追求的目標都有必經之路，也必須費盡心思才能達成目標。舉例來說，為了當醫生，就必須通過教育及實習等嚴格的過程。許多人夢想當醫生，但是這個過程可能阻礙他們，如果意志不堅定，可能就會讓夢想無法成真。你剛才看完我的致富過程，現在讓我告訴你，是工作使我致富。

人們缺乏「財務ＩＱ＃1：賺更多更多錢」的原因之一在於，他們想要錢、卻不想經歷賺錢的過程。許多人不明白的是，是過程讓他們致富，不是錢讓他們致富。許多樂透彩得主或剛繼承遺產的豪門第二代很快就破產的原因之一是，因為他們拿到錢，卻不必經歷賺錢的過程。許多人無法致富，是因為他們重視穩定的收入，卻忽視讓他們在財務上更精明也更富有的學習過程。他們因為擔心變窮，所以不敢接受財務挑戰，就是這種心態，讓他們無法利用機會並解決致富所需面對的問題。

我們都不一樣

是的，每個人都有著不同的優點和缺點。我們都有不一樣的過程、不一樣的挑戰和不一樣的問題。有些人是天生的推銷員，但我不是。我的第一個問題是，沒有能力克服我對銷售的恐懼，也害怕被拒絕。有些人是天生的創業家，但我也不是，所以我必須學習成為一名企業家。

我這樣說，並不是要你去學習推銷，或是叫你成為一名企業家；那是我的過程，未必是你的過程。增加個人「財務ＩＱ＃１：賺更多更多錢」的首要步驟是，決定讓你賺更多錢的最佳方法為何。如果是成為醫生，那麼你就開始準備唸醫學院；如果是成為職業高爾夫球員，那就開始練習打高爾夫球。換句話說，**選擇你的目標，然後選擇你的過程。隨時牢記，過程比目標更重要**。

情緒智能

現在，我必須跟大家說明一個重點，財務智能也是情緒智能。巴菲特曾說過：「控制不住情緒，就管不好錢。」同樣地道理也適用於你的過程上。在我的經歷過程中最棘手的部分之一是，我在沮喪時不放棄，我在遭遇挫折時不發脾氣，我想逃避時卻要繼續努力。

許多人在自己的過程中失敗的另一項原因是，他們沒有獲得立即的滿足就無法過活。我提到我在開始創業之前先接受低薪工作，主要是想說明滿足感延後的重要性。許多人短視近利，反而錯失日後致富的良機。我在四十歲以前並沒有賺太多錢，但是現在，我賺的錢可以活上一輩子。

我控制自己情緒的高潮與低潮，並將短期的滿足延後，這是我培養財務智能時的必要做法。換句話說，情緒智能是財務智能的必備要素。事實上，我認為談到錢，情緒智能是最重要的智能，它比學術智能或專業智能更重要。舉例來說，許多人因為害怕而不去追尋他們的夢想。因為他認為，如果開始追尋自己的夢想，失敗時該怎麼辦？甚至有些人不想承認失敗，開始怨天尤人。

放棄者很少是贏家

幾年前，有一位替我工作的年輕人，他聰明又長得帥，又有企管碩士學位，還賺很多錢。他在閒暇時間跟太太一起嘗試很多投資事業，他們試著投資房地產，但卻遭遇失敗。他們經營加盟店也失敗了。後來，他們買下一家療養院，在病患意外身亡時，幾乎賠光一切。現在，夫妻倆又回到職場擔任高薪工作，卻一直擺脫不掉自己很無能的陰影。

我提到這對年輕夫妻的原因是，他們無法學習，他們被學習過程擊垮。當事情發展愈來愈艱困時，他們就放棄。雖然他們嘗試新的投資事業，這件事令人欽佩，但是他們還沒看到問題大到無法解決時就放棄。他們無法全力以赴安度難關，無法從失敗中站起來並從錯誤中學習。他們無法領悟到，是過程讓他們致富，不是錢讓他們致富。

在過程中堅持到底，直到獲勝為止，就是我必須向富爸爸學習的課題之一，這也最難的。我在全錄公司上班陷入困境時，是因為我不會推銷，也因為我不會推銷，所以我賺不到錢，好幾度都想要辭職。富爸爸說：「當你獲勝時，你可以放棄；但是，絕對不要因為你失敗了，所以放棄。」我在一九七八年成為全錄公司的超級業務員後決定辭職，這個過程讓我在情緒上和財務上都更加富有，因為藉由克服不會推銷這個問題，我就能克服不賺錢這個問題。

當還在全錄公司工作時，我利用閒暇時間開創尼龍錢包事業。一九七八年時，我開始全職投入該事業，一開始很成功，後來卻逐漸走下坡。這時候，我又想放棄；富爸爸再度提醒我，過程比目標更重要，讓我雖然深陷債務中，且手頭上沒有很多錢時，燃起一絲希望，也就是如果我肯解決這個問題，一旦迎刃而解，我就再也不需要錢。我會知道如何打造一個事業，也會具備更多的財務智能。但是，首先我必須解決眼前的問題。

錢太多

我在本書開宗明義地說過，金錢問題有二種：一種是錢不夠，一種是錢太多。我在一九七四年離開海軍陸戰隊時，就下定決心在這二種問題做一抉擇。如果我要錢不夠這個問題，我會選擇到標準石油公司或到航空公司上班。如果我要錢太多這個問題，我會選擇先到全錄公司上班，即使當時這份工作的薪水最低。是的，我選擇了後者，也就是「錢太多」這個選項。

我想要的是教育，不只是錢。我選擇全錄公司，因為我知道我可以擔任貨船高級船員，也可以擔任機師，但我不知道我是否能擔任企業家。我知道，我可能會失敗；我也知道，如果我面對失敗的風險，我可以從中學到最多。如果我讓害怕失敗、害怕變窮支配我，我就會沒辦法順利開始進行計畫。

人們無法提高財務ＩＱ＃1的原因之一是因為：墨守成規。他們不但沒有利用新的挑戰和學習，反而打了安全牌。我這樣說，不是要你去做蠢事和冒險。我們可以做很多事，但是我們選擇不做。舉例來說，我可以選擇攀登聖母峰，或參與太空總署的太空人計畫，或進入政壇參選公職。重點是，我審慎選擇我接下來要面臨的挑戰，而不是隨興所至。我問自己：「如果我接受這項挑戰並獲致成功，我的人生可能會是什麼模樣？」我希望你也問問自己同樣的問題。

電影《熱淚心聲》（The Miracle Worker）的女主角海倫．凱勒（Helen Keller）曾說：「人生就是一場大膽的冒險，否則乏善可陳。」我同意這種說法。以我來看，增加個人財務智能＃1的一項做法就是，把人生看成一場學習的冒險。因為有太多人只打安全牌，做對的事，並選擇有終生保障的工作。你的人生不必危險不安，人生是跟學習有關，而學習就跟冒險有關。

這就是為什麼我沒有回去跑船或開飛機的原因，即使我喜歡這兩種職業，但我決定自己該參與一場新的冒險。智能跟牢記答案以及不犯錯無關，只不過，我們的學校體制將此行為定義為聰明。然而，**真正的智能是跟為了有資格解決更大問題並學習解決問題有關，而跟恐懼失敗無關**。

賺更多錢

將財務報表和現金流象限圖合併，你會更清楚你對「財務ＩＱ＃１：賺更多更多錢」

的選擇。

這個圖說明了在E象限和S象限的人是為了錢而工作，他們是為了穩定的薪資、佣金或時薪而工作。B象限和I象限的人則是為了資產工作，因為資產會產生現金流或資本增值。

我比跑船或開飛機的同學賺更多錢的原因之一是，他們只為了薪水工作，而我卻想要像企業家一樣建立資產，並且像投資者一樣獲得資產。換句話說，E象限人士和S象限人士專注於財務報表的收入欄位，而B象限人士和I象限人士則專注於資產欄位。

對於E象限人士和S象限人士來

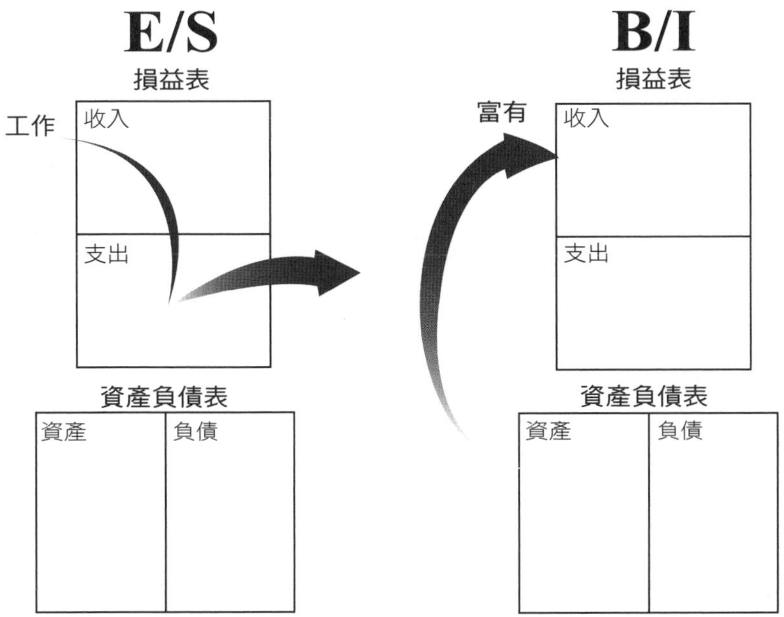

說，他們很難理解的事情之一是：B象限人士或I象限人士不是為錢工作。就技術層面來說，B象限人士或I象限人士是免費工作，這是許多E象限和S象限這類受薪工作者無法理解的，因為他們要先拿到錢才工作。免費工作，而且可能要免費工作幾年，對他們的性格和專業特質來說，根本不在考量範圍內。E象限人士和S象限人士可能會為慈善機構擔任志工，或因為崇高的理念為公眾利益效力，但是說到個人所得，他們只會為錢工作。通常，他們不會為了建立資產或取得資產而工作。

以會計用語來說，E象限人士或S象限人士是為了薪資（earned income）工作，而B象限人士或I象限人士則是為了被動收入（passive income）或投資組合收入（portfolio income）工作，你會發現為什麼替這種所得工作的人，能創造龐大的財務差異。薪資是最難保護的收入，因為它很容易被財務掠奪者搶走。這就是為什麼，為薪資工作並非最精明的做法。

許多自雇者並沒有擁有一項事業，他們有的只是一份工作。如果自雇者不再工作，就沒有收入或收入減少。就定義上來說，工作不是資產，不管你工不工作，資產都能把錢放進你的口袋。如果你想更進一步地瞭解E、S、B、I等象限之區別，我建議你看看我的第二本著作《富爸爸，有錢有理》。

為什麼有錢人愈來愈有錢

檢視下面這一張圖，你就會瞭解為什麼有錢人愈來愈有錢。

窮人和中產階級為錢所困的原因之一是，他們為錢工作、為穩定的薪資工作。為錢工作的問題出在，為了賺更多錢，你必須更努力工作或付出更多代價。問題是，工作愈賣力、工作愈久，身體的負荷是有極限的，我們的時間和精力都是有限。

有錢人愈來愈有錢的原因之一是，他們為了建立更多資產或取得更多資產而工作。增加更多資產未必要更努力工作或工作更久。事實上，一

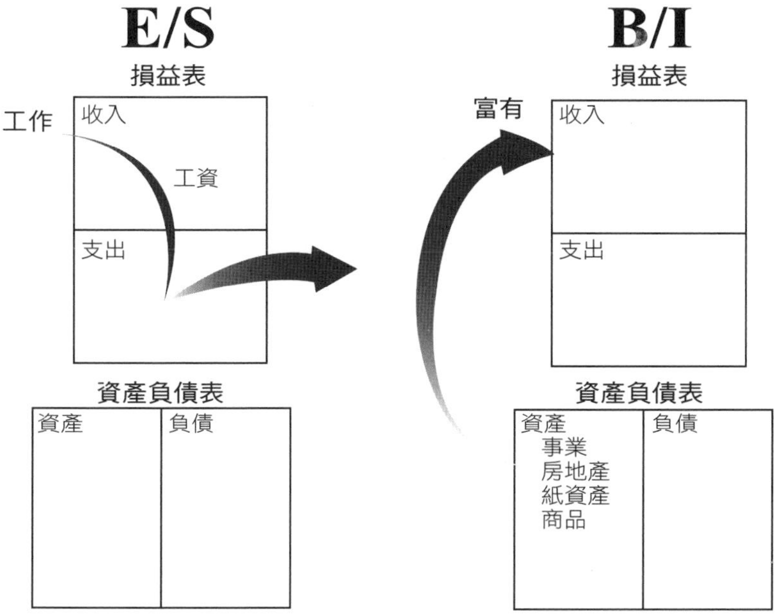

個人的財務ＩＱ愈高，在取得更多更高品質的資產時，就愈不需要工作。你瞧，資產產生被動收入，進而為有錢人工作。

每年，金跟我都訂定目標，我們在那一年內想要多少新資產。我們不會設定目標說要賺多少錢。金在一九八九年剛開始投資房地產時，她設定目標要在十年內擁有二十間房子，這似乎是一大目標。她買的第一間房子在奧勒岡州波特蘭市，有二房一衛。十八個月後，她就達到目標，擁有二十多間房子。她根本不需要十年時間。後來，她把手中的房地產售出，獲利一百多萬美元，在亞利桑那州鳳凰城購買更大更好的房子，而且還不用繳稅。

二〇〇七年時，她的個人目標是在個人投資組合中，增加五百間房屋出租。她名下已經有一千間房子出租，讓她每月取得被動收入，而且繳最低稅率。她比大多數男性還會賺錢，而且她以Ｉ象限裡的企業家自居，完成這一切成就。

我自己則是專注於從事業資產和商品增加我的現金流。我投資石油、黃金和白銀。身為教育企業，我每寫一本書，後續幾年就能從世界各地大約五十家出版商獲得版稅。我也在事業版圖中增加配銷授權方式。我從搖滾錢包事業學到，當授權者比當被授權者要好得多，雖然我喜歡房地產，但我更喜歡在Ｂ象限裡發揮創業精神。

我並不是要炫耀自己多麼會賺錢，而是想把財務智能和財務ＩＱ告訴你，雖然這麼做有點冒險，在下一章，你就會知道為什麼我會這樣說，因為有時讓人們知道你很有錢是一件很危險的事。

我是基於一項重要因素，才冒險公開我們的致富方式和成效，因為金跟我致力於教導人們理財教育並提高個人財務ＩＱ。理財教育的一大問題是，推銷並分享理財教育的人大多是Ｅ象限人士和Ｓ象限人士，他們都是受雇者或自雇者，而且真正有錢的不多。這些人當中，有很多是撰寫理財新聞、身上只有一點錢的記者；不然就是股票經紀人和房地產經紀人。這些理財專家當中，有很多人跟其他Ｅ象限人士和Ｓ象限人士一樣，都有退休計畫，也都投資股票、債券和共同基金。許多人都靠股市過活，如果他們退休時股市崩盤了，他們就會破產。如果美元購買力繼續下降，通貨膨脹又開始發威，許多人就會為錢所困，簡單來說，許多理財專家提供人們理財建議，但是他們卻不知道自己的退休計畫有沒有效。如果他們知道的話，他們早就退休了。

金跟我知道我們的退休計畫是有效的。此乃是因為我們每個月從資產獲得源源不絕的被動收入。我們並沒有為退休而儲蓄、買債券或共同基金。如果我們破產了，這並非不可能，我們的房地產會變成我們的財務ＩＱ。我們可以東山再起，因為我們專注於學習，而非專注於賺錢。我們學會管理自己的錢，而不是把錢交給E象限人士或S象限人士。就像富爸爸說的：「光是投資或自雇，並不表示你就是一位投資者或事業擁有人。」

【摘要】

賺更多錢的秘訣就在下圖中。為了增加財富，你必須理解到這項事實——問題絕對不會消失不見。每次你為問題找到一個解決方案時，就有新的

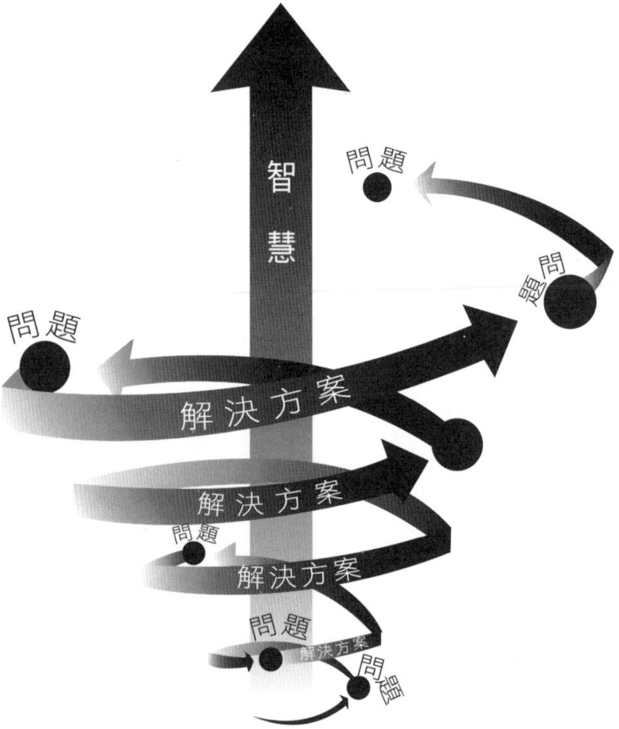

問題出現。關鍵在於：明白解決這些問題的過程會讓你致富。而且，一旦你開始解決你的問題，同時也解決別人的問題，那麼你的致富前景就不可限量。

人們會付錢請你幫他們解決問題。舉例來說，我會付錢請醫生維護我的健康；我會付錢請管家保持我家裡整潔。我會在超市購物，因為超市解決我的饑餓問題。我會付錢請餐廳提供美食和享受絕佳的用餐體驗；我會繳稅讓政府能發薪水給公務人員，然後請公務人員提供給我一個管理妥善的政府；我會把錢放在教會的奉獻盤上，請教會給予我精神上的引導與教育。

金賺很多錢，因為她喜歡解決這個大問題：以負擔得起的價格購買高品質的房屋。她愈努力解決這個問題，就賺愈多錢。而我則努力解決理財教育需求這項問題。

簡單來說，要賺更多錢有幾兆個方式，這是因為有幾兆個問題、甚至可以說有無數的問題尚待解決。問題是，你想要解決哪些問題？你解決的問題愈多，你就愈富有。

許多人想要不勞而獲，不願意解決任何問題，或是想解決問題卻獲得不成比例的高報酬。我當初沒有在有工會組織的船運公司上班，是因為我是資本家，不是勞工。事實上，目前美國船運公司愈來愈少，就是因為經營美國貨船要花太多錢。而且，那就是為什麼行經美國港口的大多數貨船和商船上的員工都不是美國人的原因之一。目前，經營美國貨船的高成本也造成我的母校「紐約商船學校」有許多畢業生找不到工作，這就是想多拿錢、少做事的問題所在。

我的窮爸爸是一位工會人士，事實上，他是夏威夷教師工會的會長。我瞭解他的觀點，他認為把教師集結為一個團體才會有更多力量。他認為，沒有工會，教師的薪資和福利都可能更差，沒有教師工會，教育制度可能比現況更慘。

我的富爸爸是一位資本家。他堅信，如果無法提供物美價廉的產品給更多人，就會被市場淘汰。換句話說，資本家解決問題所以獲得報酬，而非創造問題獲得報酬，除非你是生產拼圖的廠商。

許多人認為資本家是豬，而且當中有很多是貪婪的豬。不過，也有資本家做很多好事，例如：為世人提供健保、食物、運輸、能源和通訊。而我身為想讓世界變得更美好的資本家，卻發現大多數的人們想不勞而獲或想多拿錢、少做事。依我所見，想要多拿錢、少做事的這種人也是隻貪婪的豬。

當世界改變時，那些想要多拿錢、少做事的人會發現生活愈來愈辛苦。舉例來說，要求較高工資和福利並縮減工時的工會，就是美國國內工作移往海外的主要原因。現在，美國汽車工會工人時薪包括福利在內約為七十五美元。在中國，同樣是汽車工人時薪只要〇・七五美元。在我寫這本書時，克萊斯勒汽車公司（Chrysler）已跟中國奇瑞汽車公司（Chery Motors）簽約，在中國生產售價不到二千五百美元的汽車，這個價格就跟美國汽車業生產一輛汽車，要支付給工人的健保費用一樣。目前，這項合作在二〇〇八年底告終。

真正的資本家是認清問題並創造產品或服務來解決問題的人。如果你的產品或服務有較高的認知價值，就可以索取較高的價格，前提是，必須有附加價值才行。舉例來說，我寫的書和我設計的遊戲價格都比較高，因為對某些人來說，他們認為這些書和遊戲有比較高的教育價值。當然，對其他人來說，我的書和遊戲或許沒有那個價值。很多人不重視我的理財教育品牌，因為我的理財教育品牌並沒有解決他們的財務問題。很多人不相信金錢法則在一九七一年和一九七四年改變了，他們想要相信自己可以繼續努力工作存錢、投資共同基金、期望多拿錢、少做事。為了他們和他們家人的財務前景著想，我希望那些信念和行動能解決他們的財務問題。

為了你著想，我希望你別信那一套。我直覺，你是不信那一套的，因為你正在看這本書，並且藉此增加自己的財務智能。現在，請你開始思考你需要解決什麼問題，你要直接著手解決問題，錢就會隨之而來。而且，一旦你有那筆錢，你就必須運用所有財務智能把錢保護好。那正是我們下一章要討論的主題，財務ＩＱ＃２：保護好你的錢。

Chapter 4

財務IQ #2
保護好你的錢

保護好你的錢，以免受到財務掠奪者的攻擊，這一點很重要。大多數人都知道，這個世界充滿了想要把你的錢拿走的人和組織。他們大多是相當精明又有權勢的，所以常會出其不意地拿走你口袋裡的錢。這也就是為什麼財務IQ#2如此重要的原因。

你如何評量財務IQ#2

財務IQ#1通常是以總額為評量單位，財務IQ#2則是以百分比為評量單位。我用下列三個例子來說明三個不同的百分比。

1. 在美國，某甲年薪十萬美元可能要繳交高達五〇%的稅，包括繳稅給聯邦政府、州政府和依據聯邦保險貢獻法案（Federal Insurance Contribution Act，簡稱為FICA）等社會福利稅。於是，稅後淨利就是五萬美元。
2. 某乙從投資獲得十萬美元收入並繳一五%稅，稅後淨利就是八萬五千美元。
3. 某丙年收入十萬美元卻不必繳稅，稅率為〇%，稅後淨利就是十萬美元。

以上述例子來看，稅率最少者的「財務IQ#2：保護好你的錢」最高，因為被財務掠奪者搶走的錢比較少。

在後續章節中，我會詳述如何賺很多錢又不必繳稅，而且還合法。但是現在，請先把這個簡單構想牢記在心：財務ＩＱ＃2就是將「個人保留多少百分比的收入」跟「被財務掠奪者拿走多少百分比的收入」加以評量比較。

兔子、小鳥和昆蟲

富爸爸的兒子跟我都還小的時候，也就是在我們沒有任何錢以前，富爸爸就開始教導我們「把錢保護好以免被財務掠奪者搶走」的重要性。因為當時年紀尚小，富爸爸就以農夫這個簡單例子，說明他想要我們瞭解的重點。他說：「農夫必須保護自己的農作物不讓兔子、小鳥和昆蟲所害。對農夫來說，兔子、小鳥和昆蟲都是賊。」

對年紀還小的我來說，「把兔子當賊」這個構想很有說服力，也讓我記憶深刻。兔子很可愛，看起來好像無害，小鳥也一樣。事實上，我家裡就養了一隻鸚哥，要我把小鳥當成賊，似乎太刻薄了。至於昆蟲呢？因為我家有一個菜園，很多蔬菜都被昆蟲吃掉了，所以昆蟲是有害的，這一點我倒是能理解。

我們的靠山卻拿走我們的錢

富爸爸並不是要嚇唬我們，他只是希望兒子跟我都對現實世界有所瞭解。他用兔子和小鳥這些可愛動物做比喻，就是要說明這個重點：**奪走我們個人財富的最大竊賊不只是惡棍、罪犯或不法之徒，有時候最大財務掠奪者中有些是我們喜愛、信任或尊敬的人士和組織——打從心裡認為是支持我們，是我們靠山的人士或組織。**富爸爸說：「有這麼多人做我們靠山的原因在於，從那個立場比較容易拿走我們的錢。這正是許多人有財務問題的原因之一，因為有太多人跟他們要錢。」

富爸爸告訴我們，現實世界裡的財務掠奪者包括：政府官員（Bureaucrats）、銀行家（Bankers）、經紀人（Brokers）、企業（Businesses）、伴侶（Brides/Beaus）、姻親（Brothers-in-Law），和法律顧問（Barristers），可稱作為B系列。

第一個B：政府官員

如同我們所知，稅款是我們最大的開銷，稅務部門的職責就是拿走你的錢，把錢交給政府使用。

遺憾的是，大多數政治人物和官員的問題是，他們很懂得花錢。大多數公務員都不知道怎樣賺錢，這或許是他們選擇成為官員的原因，如果他們會賺錢，可能早就選擇從商、而不是當官。既然他們不知道如何賺錢卻喜歡花錢，所以官員們花很多時間想出更多更新奇的做法，透過稅賦拿走我們的錢。

舉例來說，美國官員設計一個相當聰明、名為最低稅負制（alternative minimum tax，簡稱AMT）的稅務法案。是在一九七〇年設立的，是對年薪六萬美元以上的高收入戶額外課徵的稅，等同於在一筆所得上課徵二次稅，這種做法真的很聰明。問題是，在一九七〇年時，年薪六萬美元是一大筆錢；但是現在，年薪六萬美元根本稱不上是高收入，有許多有錢人根本不必繳這種稅，但是法案尚未修正過。

如你所知，我們已經要繳納所得稅、投資利得稅、房屋稅、汽車牌照稅；我們在加油、旅遊、買衣服、吃飯喝酒抽香煙都要課稅；我們做生意、受教育、申請執照和許可證、甚至連死亡都要被課稅。我們要繳交各種名目的稅，而且稅上加稅把我們搞糊塗了。政府告訴我們，繳納這些稅是為了社會福利，其中有些稅確實如此。但是，社會問題只會愈來愈嚴重，因為官僚不知如何解決問題（而且他們不知道如何賺錢），他們只知道看到問題就砸大錢。在用更多錢都無法解決問題時，他們就用更巧妙的名稱設立新的稅務項目，既然問題只會愈來愈嚴重，我們繳的稅率只會愈來愈高，**就好像複利讓我們更富有，複合稅也讓我們更貧窮**。這就是為什麼財務ＩＱ＃２如此重要的一項原因，如果你賺的錢都被財務掠奪者給搶走了，你怎麼可能變成有錢人。

稅很重要

在我繼續說下去之前，我必須先聲明，我不是反政府人士或反對納稅。富爸爸說過：「稅是生活在文明社會的一項費用。」他告訴兒子和我，學校和教師、消防隊和警力、法院體制、軍隊、道路、機場、食品安全和政府業務的運作，都是由人民納稅所支付。富爸爸對於稅賦的失望在於，官員很少能解決所面臨的問題，他們通常會召集委員會研究問題，換句話說，最後他們什麼事也沒做。在認清「我們只會繳更多稅」這項事實後，富爸爸有著這樣的哲學：「官員的職責是，把手合法地伸進你的口袋裡；而你的職責是，盡可能合法地讓他們拿走愈少錢愈好。」

遺憾的是，通常錢賺最少的人卻繳最高的稅率。從最近的一項事件來看，巴菲特就針對美國稅務體制做此評論：「在座各位，我們這四百個人繳的所得稅率比我們的總機或清潔婦繳的所得稅率還低。如果你是人群中這幸運的一％，你就必須懂得感恩，並為其他九九%的人做一些貢獻。」

哪一個政黨比較好？

如你所知，我不是共和黨人士也不是民主黨人士，我也不是保守派人士或自由派人士、更不是社會主義者或資本主義者。有人問我這方面的問題時，我會回答：我都是。舉例來說，身為資本主義者，我想賺更多錢並且盡可能繳更少的稅。身為社會主義者，我捐錢給慈善機構和公益團體並且藉此抵稅，我希望我繳的稅能讓社會變得更美好，也照顧到弱勢團體。

許多人認為，說到金錢這件事，共和黨人士比民主黨人士更勝一籌。事實卻不然。共和黨人士說：「民主黨只會加稅和花錢。」相反地，民主黨人士則是借錢和花錢。結果，不管是哪一個政黨執政，長遠來看都是逐漸增加國家債務，這項債務就以更高稅額的方式留給後代，這就是一種低財務IQ的跡象。

民主黨總統羅斯福（Franklin Delano Roosevelt）和詹森（Lyndon Johnson）分別創立社會福利制度和老人醫療保險制度，這二項方案是世界史上最所費不貲也潛藏災難的法案。

共和黨總統艾森豪（Dwight D. Eisenhower）執政時，美國是世界上最大的債權國。當時，美國是一個富裕國家。不過，共和黨總統尼克森（Richard Nixon）執政時，金錢法則改變了，美國的財富開始改變。身為總統，尼克森在一九七一年取消金本位制度，讓美元從實質金錢淪為貨幣。

尼克森讓美國政府印製許多鈔票，解決我們的金錢問題，這樣做就跟開空頭支票一樣。如果我們今天照著政府的做法去做，我們早就被關進牢房。造成貧富差異日漸懸殊的原因之一就是，大多數人還是遵照以往的金錢法則，也就是以往的資本主義來行事；殊不知在一九七一年後，新的金錢法則就取而代之。有錢人愈來愈有錢，而窮人和中產階級再怎麼努力工作也只能養家餬口。

一九八〇年時，共和黨總統雷根（Ronald Regan）給我們供給面經濟學（supply-side economics），又名「巫毒經濟學」（voodoo economics）。由傑出的溝通專家雷根，而非經濟學家所提倡的新經濟理論，根本就是錯誤想法，以為我們可以減稅，藉由借錢繼續支付政府的支出。其實，這樣做就等於減薪，就像用信用卡支付帳款一樣。

雷根總統的經濟諮詢委員會成員湯瑪士・蓋爾・莫爾（Thomas Gale Moore）發現美國在一九八〇年代中期將從債權國變成債務國時，他還跟大家說不必擔心：「我們可以舉辦一場新聞記者會要大家閉嘴。」這根本是造假騙人。

由於金錢法則在一九七一年改變了，外加上雷根提倡供給面經濟學，結果美國國債激增。在雷根卸任時，聯邦政府已舉債二．六兆美元。

當時在雷根政府擔任副總統的喬治．布希（George Bush）明白國債激增是因為雷根減稅造成國庫收入損失，於是他在參選總統時承諾「請聽我說，絕不加稅」。但是，布希就任總統後並未兌現承諾反而加稅，因此總統連任失利。

後來，民主黨柯林頓總統執政，在經歷一些個人誹聞後，他在卸任時聲稱自己已平衡預算，沒有增加國債。當然，就如同他對個人性生活所說的謊言一樣，他聲稱平衡預算一事也是謊言。他把為社會福利制度和老人醫療保險所徵收的稅款當成收入來「平衡」預算，於是，這筆稅收不但沒有交給社會福利信託基金管理，反而任由他花用，就好比是他從女兒的大學基金中拿錢，為情婦買一件新洋裝。

不過，柯林頓在執政期間確實道出一項事實。他坦承像社會福利信託基金這種事根本不存在。在他執政期間，老人醫療保險的營運開始虧損，財源入不敷出。不久後，當七千八百萬名嬰兒潮世代人士從二〇〇八年起開始陸續退休，社會福利制度也會出現同樣的困境。

接下來是小布希總統連續執政八年。九一一恐怖攻擊事件後，小布希取得全球聲援對抗恐怖份子，並出兵伊拉克。現在，他是史上最不受歡迎的總統之一。伊拉克戰爭不僅是一場災難，聯邦準備銀行（Federal Reserve Bank）為了避免美國經濟因此受創還降息，並發行更多貶值貨幣。小布希執政五年的舉債總額就超過美國史上所有總統（除他本人以外）舉債的總和，目前的信貸危機就是小布希經濟政策失當引發的後果。

這一切就表明了，不管哪一個政黨執政，情況都一樣。如果民主黨執政，就可能加稅、花錢，如果共和黨執政，就可能借錢、花錢。最後結果都一樣，國債愈來愈高，財務問題愈來愈大，稅金愈繳愈多。這一切的依據就是：盡可能把你的錢拿走愈多愈好。

你是資本主義者或社會主義者

幾年前我聽過一個解釋社會主義者與資本主義者有何差別的笑話。有一天，社會主義者到農夫家敲門，請農夫加入當地的社會主義黨。農夫不知道社會主義黨是什麼，所以要求舉例說明社會主義者的行為。於是，這名社會主義者說：「如果你有一頭牛，那麼村裡的每一位村民都能喝到這頭牛供應的牛奶，這就是所謂的財富共享。」

「聽起來很不錯，」農夫說。

「而且，如果你有一頭綿羊，大家就能共用這頭綿羊的羊毛。」社會主義者說。

「很好，這個社會主義聽起來不錯。」農夫說。

「太好了，」社會主義者說，他以為自己已經說服農夫信奉社會主義。「而且，如果你有一隻雞，那麼，大家都能吃到雞蛋。」

「什麼？」農夫生氣地大叫。「太恐怖了。你滾吧，我才不信你那套社會主義。」

「可是……」社會主義者結結巴巴地說，「我不懂，你認同大家一起分享牛奶和羊毛的構想。為什麼反對大家一起分雞蛋呢？」

「因為我沒有養牛也沒有養羊，」農夫怒罵說。「但是，我有養雞啊！」

這就是為什麼財務IQ#2如此重要的原因。大家都認同，我們需要共享財富，只要是把你的財富拿來共享，而不是把我的財富拿來共享就好。

慎選你的收入型態

前一章，你已經知道有三種收入：薪資收入、投資組合收入和被動收入。知道這些收入的差別是很重要的，尤其說到保護好你的錢免受官僚奪取時更是重要。為薪資收入工作，無法讓你獲得太多保護、避免政府課稅。

在美國，即使薪資不高的人所繳納的稅率也很高。工作者的所得會扣除將近一五%繳交社會福利稅，另外還要繳納聯邦稅、州稅和地方稅。現在，我可以聽到有些人這樣說，社會福利稅並沒有占所得的一五%，他們認為是占所得的七．四%，由雇主支付另外的七．四%。事實或許是這樣沒錯，但是從我的觀點來看，加起來總共一五%，這筆錢本來就是我的錢。如果我的雇主不必付錢給政府，錢就會落到我的口袋。

認為雇主提供401(k)退休金的員工也這樣想。其實，由雇主付給投資銀行保管的那筆錢，還是你的錢。

以我個人來說，我不想要政府管理我未來的財務保障。政府只會把事情搞砸，我寧可把我自己的錢管理好。政府根本沒有太多財務智能，只是把徵收來的錢花掉，況且掌權者都知道，大多數人根本沒有什麼理財知識。所以，你何必拿你的錢，讓這些掌權者及其親友變成有錢人呢？

第二個B：銀行家

銀行的創立是為了保護你的錢，以免被歹徒搶走。但是，如果你發現你的銀行家也是歹徒搶匪，怎麼辦？銀行家不需要把手伸進你的口袋拿錢，因為是你自己把錢交給他們。但是，萬一你發現銀行把你的錢A走，而且他們這樣做都合法，那該怎麼辦？

身兼紐約州長暨檢察長的艾略特・史匹哲（Eliot Spitzer）對一些投資銀行和大型共同基金公司進行調查，發現他們進行幾項不法業務。這些受人信任的銀行家和基金業者從中獲取不法利益，但是最後他們卻只被判處微不足道的罰鍰。而這些罰鍰還由犯罪者共同攤還，因此這些銀行家到目前還在業界橫行，消遙法外。

問題是，史畢哲的調查僅限於紐約市的投資銀行。銀行家A走無辜存戶的錢，這個問題舉世皆然。當更多企業不再以終生俸照顧員工，就有更多員工被迫要為自己存退休金。工作者不像企業那樣有錢雇用專業理財顧問，於是，大批熱錢匯集到銀行，讓銀行家和向工作者推銷金融服務的理專愈來愈有錢。如今，在工作者退休金這筆鉅資的推波助瀾下，創造全球經濟的榮景，退休基金聚集龐大資金，這筆史無前例的鉅款就是由銀行保管，不是由你自己保管。

1. 開始調查

二〇〇七年時，美國國會開始調查目前401(k)退休金計畫和共同基金。當初我們把錢交給銀行和這些金融機構，是因為我們信賴他們。以下內文引述自二〇〇七年三月十四日《華爾街日報》（Wall Street Journal），由伊琳諾・萊斯（Eleanor Laise）所撰寫的「你的退休金計畫讓你付出什麼樣的代價？」（What Is Your 401(k)Costing You?）：

401(k)計畫不需要說明詳細開銷，其實這項計畫的開銷項目很多，包括：支付進行獨立稽核費用、追蹤與維持帳戶費用；諮詢服務並設立客服專線費用，當然也包括管理退休金計畫的基金管理費用。

401(k)計畫的費用日漸吃緊，引發國會議員關切。國會於上週開始調查，這項計畫的缺陷使員工很難去瞭解到自己是否被公平對待。

這些費用的問題出在，就連你的雇主也搞不清這些費用是什麼。事實上，你的雇主甚至不知道其中某些費用的存在，因為這些費用被隱藏起來。既然如此，你又怎麼可能知道或瞭解這些費用？這篇報導還指出：

現在，有些雇主正聘請外界顧問，請他們協助瞭解這些費用……。

大家擔心的領域之一是，401(k)計畫費用過高又太過複雜，以及跟所謂的營收共享協議有潛在利益的衝突。這些通常牽涉到由共同基金公司支付給401(k)計畫提供者的款項，藉此補足提供者（銀行家）提供管理帳戶服務所需的費用。這些成本通常會列入計畫中提列的基金費用，並且是有助於增加計畫參與者所要負擔的成本。

在看以上摘述時，可以清楚得知，退休基金提供者（也就是銀行家）很容易就利用你的錢自肥。我之前就說過，銀行是為了保管你的錢而設立的。現在，他們卻想盡辦法把你的錢A走。可悲的是，我們讓他們輕易得手了，甚至不必再走進銀行（事實上，銀行臨櫃服務還要收費）。我們的薪資還沒有到手就轉到銀行帳戶裡，銀行家不必從你的口袋拿錢，因為錢根本沒有進到你的口袋。

2. 削邊的錢幣

在羅馬帝國時期，許多皇帝用錢幣玩把戲。有些皇帝會把錢幣削邊，從邊緣取下一些黃金和白銀。這就是為什麼現在的錢幣邊緣都有溝紋的原因，這是為了保護錢幣不被削邊。當他們無法從錢幣下手獲利時，皇帝們就讓國庫開始將黃金和白銀混合較廉價的金屬來鑄造貨幣。

美國政府在一九六〇年代鑄造貨幣時也這樣做。突然間，銀幣消失了，偽幣取而代之。後來在一九七一年時，因為徹底取消金本位制度，美元變成貶值貨幣。

從許多方面來看，銀行就是最大的財務掠奪者。每一天，他們藉由印製更多更多貶值貨幣，搶走存款人的財富。舉例來說，銀行家的規定讓他們只要支付你極少百分比的利息，就可以拿走你的存款。然後，你存的每一美元，就讓銀行可以放款至少二十美元以上，並且索取較高的利息。舉例來說，你存款一美元，銀行付你年利率五％。銀行馬上就可以讓你用信用卡借二十美元，並向你索取二〇％的年利率。銀行付你一美元、年利率五％；卻從放款二十美元、年利率二〇％中賺取暴利，這就是銀行家的致富之道。如果你跟我也這樣做，我們早就被抓去關了，因為這是放高利貸。

銀行這種做法也會引發通貨膨脹。因為我們的銀行用錢玩把戲，貧富差異就日漸懸殊。現在，存款人是輸家，銀行家才是贏家。

在金錢的新法則中，由於我們存的不是錢，而是貨幣，我們必須知道如何借貨幣以取得資產。換句話說，在新資本主義中，精明的借款人就是贏家，把錢存在銀行裡的存款戶並不是贏家。

第三個B：經紀人

「經紀人」其實就是「推銷員」。在金錢世界裡，有股票經紀人、債券經紀人、房地產經紀人、房貸經紀人、保險經紀人、事業經紀人等。有趣的是，大多數人向這種推銷員取得理財建議，而不是向有錢人取得理財建議。如果你遇到一位有錢的經紀人，你必須問問他（她）是否因為本身的推銷能力或理財能力而致富。

巴菲特就評論過：「華爾街這地方很可笑，開著勞斯萊斯汽車的人去向搭地鐵的人請教理財。」

富爸爸說：「這些人被稱為經紀人（broker）的原因就是，他們比你更接近破產（broke）。」

1.優秀經紀人與差勁經紀人之別

沒有太多錢的問題之一是：優秀的經紀人，也就是知道自己在做什麼的經紀人，他們通常沒有時間服務你，他們忙著服務淨值更高的客戶。

金跟我在手上錢不多的時候，曾經試圖找到一位願意教育我們的經紀人。但是因為我們沒有太多錢，大多數經紀人又沒有太多時間，雖然也遇過很多想跟我們推銷，而不是想教導我們的經紀人。不過，我們都沒有放棄，一直尋尋覓覓，甚至在心中設定人選是一位剛開始建立客戶群的年輕股票經紀人，他（她）必須有學習精神並且自己也是投資人。很幸運的，我們透過友人介紹認識湯姆。起初，我們提供二萬五千美元請湯姆幫忙代為操作，十五年後，我們的股票投資組合已價值數百萬美元，目前金額還在日漸增加中。

金跟我在一九八六年結婚，婚後開始投資房地產。我們決定從小額做起，期間遇到很多只推銷房地產卻不投資房地產的差勁經紀人，就算他們投資房地產，也只投資跟房地產相關的共同基金。最後，我們遇到約翰，從五萬美元開始投資，他協助我們將房地產投資組合增值到將近二十五萬美元。雖然這樣的成長幅度似乎不高，但是我們在三年內就達到這種成長，而且當時奧勒岡州波特蘭市的房地產市場景氣很差。現在，我們持有的房地產價值幾千萬美元，而且價值也在日漸成長。

2. 寶貴的教訓

的確，經紀人有好有壞。簡單講，優秀的經紀人會讓你更富有，差勁的經紀人只會找藉口。以下這份摘要清單列出能協助我們找到並留住優秀經紀人的事項：

- **金跟我也進修投資股票和房地產的相關課程**。具備更多知識，讓我們能夠辨別訓練有素的經紀人或花言巧語的推銷員。
- **我們要找的是，肯在本身專業中投資與學習的人**。湯姆跟約翰認真工作，還額外付出許多時間在專業上不斷地進修。湯姆時常邀請我一起看看他正在研究的事業。至於，約翰除了是專業的房地產經紀人，也投資房地產，現在他已經是房地產投資界的名師。
- **我們想知道經紀人自己有沒有投資他跟我們推銷的股票**，畢竟，如果連經紀人都沒有信心投資同樣的標的，我們何必對他的推銷買單呢？
- **我們想要跟經紀人建立關係，而不是只做交易**。許多經紀人只想要推銷。即使我們只是小客戶，湯姆跟約翰還是有時間跟我們共進晚餐，成為我們的朋友。

成功的關鍵

教育就是成功的關鍵。金、約翰、湯姆和我都是「投資」這門學問的學生。我們都對同樣的主題有興趣，都想對這個主題多加學習，也投資這個主題。湯姆不太懂房地產，所以跟他交談時，就不太提及房地產。約翰對股市沒興趣，所以我們不跟他談股市。

我們的財富日漸增加的原因之一在於，因為我們的知識也日漸增加。通常，我會打電話給約翰並這樣問他：「你可以跟我說明一下，資本還原率（capitalization rate）和內部報酬率（internal rate of return）的差別嗎？」他會花時間指導我，而不是只跟我推銷。至於湯姆，我會打電話向他請教：「你可以跟我解釋長期債券和短期債券的不同嗎？」湯姆也非常樂意當我的老師。

富爸爸公司舉辦為期數天的股票研習課程和房地產研習課程，原因在於，理財教育很重要。我們請來的講師都是實際從事股票投資和房地產投資的投資人。富爸爸公司重視理財教育，這對金和我來說，理教教育就是我們跟經紀人湯姆和約翰建立密切關係的黏著劑。正因為我們致力於長期理財教育，才讓我們四個人一起晉身富人的行列。

現在，我常接到股票經紀人和房地產經紀人的電話。他們都聲稱自己有能讓我致富的熱門交易。在大多數情況下，他們只是對於佣金感興趣，他們關心錢有沒有進他們的口袋，不關心錢有沒有進我的口袋。相反地，優秀的經紀人會讓自己賺錢，也讓客戶賺錢。

我要再次強調，財務ＩＱ＃2是以百分比做評量單位。經紀人通常是以業績的百分比作為佣金收入。舉例來說，如果我買下一百萬美元的房地產，經紀人可能從這筆交易中賺取六%的佣金，也就是六萬美元。如果這個房地產讓我每年有一〇%的現金報酬，那麼經紀人理所當然要獲得佣金，因為我只支付一次佣金。

相反地，如果我進行買進和賣出（炒作房地產或當沖股票）的交易，我就要在買進和賣出時各付一次佣金。這就是所謂的「雙向交易」（round trip）或滑價（slippage）。在房地產業，房地產炒手完成一項交易可能被佣金吃掉一二％的獲利，並且有可能繳交較高的稅額，那樣做根本不是理財的聰明選擇。

交易員和投資者的比較

時常買進賣出的是交易員，不是投資人。交易員不僅要支付較高的佣金給經紀人，繳的稅率也更高，這就是買賣的短期資本利得（short-term capital gains）。換句話說，稅務部門的官員並未將為了資本利得而買賣的投資人視為一般人，而將他們視為交易員，並在盈餘上額外課徵自雇稅。在這些類型的交易中，經紀人和官員是贏家，經紀人獲取佣金，官員徵收稅金，交易員則是輸家。有財務智能的投資人知道，如何藉由聰明投資並利用優秀經紀人，讓掠奪者拿走最少的交易費用和稅金。

炒作

幾年前，一名友人的母親將她的帳戶交給一位交情不錯的股票經紀人「炒作」（churning）了。炒作是指經紀人為客戶忙著買賣股票。到最後，經紀人可以透過佣金賺到客戶的錢，而客戶的投資組合的財富卻日漸縮水。

所以，在你把錢交給經紀人以前，要慎選你的經紀人。最起碼你要請對方提供一些客戶名單，讓你可以直接打電話向他們打聽這位經紀人的服務。記住，像湯姆和約翰這種優秀經紀人可以讓你致富，而差勁的經紀人卻會讓你變得貧窮。

第四個B：企業

所有企業都有東西要賣，如果他們沒有東西賣，就會關門大吉。我常問：「這個企業的產品或服務會讓我更富有或更貧窮嗎？」在許多情況下，產品或服務不會讓你更富有，而是讓企業更富有。

許多企業盡全力讓你變得更窮，舉例來說，許多大型百貨公司跟銀行合作，發行聯名信用卡，這可以說是最差勁的信用卡。百貨公司想要你持有這種信用卡的原因是，他們可以向銀行索取回扣，而發行這種聯名卡的企業就等於是銀行的經紀人。請注意，在這裡經紀人和銀行家這二個財務掠奪者又出現了。

許多人深陷財務困境的原因之一是，他們購買讓自己變得更貧窮的產品，更糟的是，他們使用信用卡循環計息、分好幾年攤還費用，讓他們變得更窮。

舉例來說，如果我刷卡買了一雙鞋，花幾年才付清卡費，那麼這項產品讓我窮了好幾年，而沒有讓我更富有。窮人買了讓他們無法致富的產品，反而花幾年時間才還清債務，同時還要支付高額利息。

如果你想變富有，你就要慎選一家可以會讓你更有錢的企業，然後成為他們的顧客。比方說：我是某些投資通訊和財經雜誌的長期顧客，我也是銷售教育產品與研討會等企業的顧客。換句話說，對於我的某些競爭對手來說，我是一位好顧客。我喜歡花錢在讓我更富有的產品或服務上。

第五個B：伴侶

我們都知道有些人是為了錢結婚，不是為愛結婚，男人和女人都一樣。不管你喜不喜歡，金錢在任何婚姻關係中都扮演一個重要角色。電影《The Great Gatsby》中有一句對白是這樣說的：「有錢人家的女兒不會嫁給窮小子。」這句對白或許是電影中的精彩對白，但是在現實世界裡，窮人家的兒女確實是為了錢跟有錢人結婚。

1. 愛情掠奪者

富爸爸把為錢結婚者稱為愛情掠奪者。你愈有錢，就有愈多人愛你。以知名男歌手保羅．麥卡尼（Paul MaCartney）為例，他的離婚官司鬧得沸沸揚揚。據估計，麥卡尼約有十億美元財產，選擇離婚就要放棄一半的財產，那可是一大筆錢。這表示，麥卡尼這位音樂天才賺了很多錢，但是他缺少財務ＩＱ＃2，所以讓自己虧很多錢。其實，當初他只要簽妥婚前協議書，今天就不會損失慘重。其實，婚前協議書是擁有較高財務ＩＱ＃2的一種表現。為了幾年婚姻關係，就要把畢生賺來的財富拿一半給對方，這就是財務ＩＱ＃2較低的一種跡象。

富爸爸常說：「當你把愛情與金錢做結合，通常瘋狂的金錢行為就會主宰一切，財務智能根本就無法發揮作用。」我跟金結婚時，兩人都沒有錢，所以我知道我們不是為錢結婚。雖然我們沒有錢，但是我們還是準備好退場策略，以免一切發展不如預期。那就是為什麼，金有自己的公司，我有自己的公司，她有她的投資，我有我的投資。萬一我們離婚了，我們也不必分財產，因為我們本來就將財產分開。我很開心的是，我們從一九八六年結婚以來，一直過著幸福快樂的日子。而且，我們的婚姻生活逐年漸入佳境，我們也愈來愈富有。

2.退場策略

認為結婚後，從此就可以過著幸福快樂的日子，這種想法實在很愚蠢，因為這只會出現在童話故事裡。我知道在結婚前跟你夢寐以求的對象，要求簽署婚前協議書，這樣做或許很讓人傷腦筋。但是，這樣做在財務方面卻很有智慧，尤其在目前離婚高達五〇％的時代裡，這樣做還是比較保險。我知道在跟新事業夥伴合組一個新事業時，剛開始就想到買賣協議或事業解散協議是很難的事，不過在你簽妥協議進入合夥關係以前，最好先把退場策略擬妥，這樣才是精明的理財之道。

第六個B：姻親

死亡就是人生最後的退場。這時候，掠奪者再度出現，或者我該說貪婪殘酷者出現了。如果你有錢，卻沒有財務ＩＱ，就可能讓你所愛的人受害。如果你有錢，親朋好友和政府就會出現在你的葬禮上。你從未見過的遠房親戚，突然變成你的家人，到你的葬禮上致哀。如果你有較高財務ＩＱ，就可以控制要把錢留給誰，要留給什麼人或多少遺產，一切都由你掌控。高財務ＩＱ者會擬妥遺囑並將財產信託，並運用其他做法保護個人財富與遺願，杜絕掠奪者的搶奪。以紐約地產富婆利昂娜・賀姆斯利（Leona Helmsley）為例，她在過世後就能把一千二百萬美元留給愛犬，卻不給她的孫兒女半毛錢。雖然我並不建議你這樣做，不過這個例子證明，高財務ＩＱ能讓你決定你的錢要給誰，即使死後也一樣。

在你過世前，先找財產規劃專家規劃一下你的退場策略。如果你很有錢或打算變成有錢人，遺產規劃是精明理財的做法。

第七個B：律師

你或許記得有人曾以咖啡太燙為由控告麥當勞，這就是財務掠奪者運用法制拿走你的錢的實例。有幾百萬人等著找出任何藉口，運用官司致富。這就是為什麼律師也名列財務掠奪者的行列。律師的工作目的就是協助你上法院打官司，然後讓你付他訴訟費。

既然知道這些掠奪者到處潛伏，有財務智能者必須做到這三件事：

1. 自己名下不要持有有價資產。我的窮爸爸曾說：「我的房子是在我的名下。」精明理財者不會讓自己名下有房子。

2.**馬上購買個人責任險**。記住，必須在你需要以前，就先買好保險。

3.**以合法名義持有有價資產**。在美國，優良的合法實體是一般公司（C-Corporation）、小型公司（S-Corporation）、有限責任公司（limited liability corporation, LLC）和有限責任合夥公司（limited liability partnership, LLP）。這些是獨資公司和普通合夥公司。諷刺的是，大多數小企業主都是不良實體。

金錢法則已經改變

至今，我還聽到有人說：「努力工作存錢、還清債務、長期分散投資共同基金。」這是過時的建議，也是來自缺乏理財知識者的差勁建議，是依據過時規則來進行金錢遊戲。

美國現在的情況和以往截然不同，努力工作賺更多錢的人只是繳更多更多的稅。他們存錢卻等於賠錢，因為美元不再是實質金錢，而是日漸貶值的貨幣。人們沒有學習運用債務作為致富的手段，反而努力工作還清債務。幾百萬名美國工作者把錢放進401(k)退休計畫，而這項計畫主要是以共同基金為投資標的。由於我們的教育體制並沒有教導我們理財教育，因此工作者的血汗錢包就被金融惡棍給A個精光。

檢視歷史

當你回顧歷史，很容易發現新的金錢法則改變了美國和這個世界。你已經知道為什麼儲蓄並非明智的理財之道，因為這項改變在一九七一年發生。

一九四三年時，美國政府急需為第二次世界大戰籌錢，於是通過一項法案，使其可在工作者尚未拿到薪資前，先動用他們的薪資。換句話說，政府可以在工作者還未領到薪資前，就先扣稅。目前在美國，如果你有工作就不得不繳稅，你不需要請會計師幫你避稅，因為會計師也沒辦法幫你做什麼。但是，如果你擁有事業，或者你是一名投資人，你就可以鑽很多漏洞來避稅。稍後章節會對此再做詳述。

人為錢工作時，就是領取薪資收入，這是稅率最高的收入類別。當工作者從401(k)退休計畫中領錢出來時，這筆錢還是薪資收入。那麼，這筆錢的利息所得的課稅類別為何？一樣也是：薪資收入。

這表示努力工作存錢、還清債務、以401(k)計畫存退休金的人，就是為所得稅率最高的薪資收入而工作，這樣做就理財來說，實在很不明智。遵照這些規則去做的人反而被站在背後的掠奪者把錢A走，這樣做也表示自己沒有什麼財務智能，因為有相當高百分比的個人所得都被掠奪者拿走了。

有財務智能的人不會為薪資工作，而是為權利金或股利工作，因為這些所得類別的稅率較低。聰明的投資人至少知道，要為投資組合收入或被動收入而投資，因為這些所得類別的稅率也比較低。值得一提的是，稅法因人而異，所以在做財務決定前，務必向合格的稅務律師和稅務會計請益。

一九一三年時，美國設立聯邦準備銀行，這可能是美國史上最重要的日子，此後全球金錢的法則確實開始改變。這是為薪資工作的人應該記住的一天，因為從那天起，他們的個人財富就開始受到攻擊。首先，美國聯邦準備銀行既不屬於政府，也不屬於美國，而是一個神話，是由一些全球鉅富所擁有的銀行。而聯邦準備銀行成立時，全球最富有的人們就掌控美國這個世界最富強國家的貨幣體系，而且後來還改變金錢法則。

現在，我聽到美國人要求政府保障美國的工作機會和美國的利益。偶爾我會聽到有人說：「買美國貨」或「支持美國企業」。但是，現在這樣做根本為時已晚，那是絕望者的最後呻吟。一九一三年時，全世界最有錢的人藉由接管世界最富強經濟，也就是美國的經濟，進而接管世界貨幣供給。他們改變金錢法則，而且沒有告訴任何人。

就技術上來說，美國目前的經濟破產了，國庫塞滿了自己發行的借據，也就是所謂的債券或國庫券（T-bill），是我們的後代必須買單的債券。當數十億人為有錢人工作，把錢存在有錢人開的銀行，透過有錢人的投資銀行投資有錢人的資產（例如：股票、債券和共同基金），這種財富偷竊的行為就會繼續下去。這套制度是刻意設計，是要盡可能、合法地拿走並掌控你的錢，而且愈多愈好。

幾年前，大概在一九八〇年代初期，我看了《Grunch of Giants（大企業的現金搬運法）》這本書。「GRUNCH」這個字是首字母縮略字，代表「Gross Universal Cash Heist」（舉世皆然的現金偷竊）。作者巴克明斯特・富勒博士（R. Buckminster Fuller）被公認為當代最傑出的天才之一。我很幸運在富勒博士辭世之前，有三次機會向他請益。他對於我的人生有相當大的影響，如同他對許多讀者與學生的影響一樣，他是哈佛大學最傑出的校友之一，也是美國建築協會（American Institute of Architects）公認的當代最傑出的設計師之一。

如果你能找到富勒博士寫的《Grunch of Giants》，我相信書中內容會讓你更清楚有錢人如何透過金錢遊戲偷走人們的錢，又利用我們的教育體制而不被發現。相信你看了那本書後會很不安，尤其當你看到眼前在石油方面、戰爭、銀行、經濟和教育所發生的情況，你一定會很驚慌。

富勒博士在那本書裡提到，政府透過課稅將他們的手伸進你的口袋裡，然後把錢交給他們的友人，也就是掌控多國企業者。換句話說，我們選出的官員、眾議員和參議員，根本沒有代表人民，反而是代表大企業。嚇一跳吧！

二〇〇三年時，小布希總統和以共和黨主導的國會強勢通過處方藥給付法案（Prescription Drug Benefit Bill）。這項法案是過去二十年內通過最耗資不貲的法案之一，費用超過五千億美元，全數由美國納稅人買單。這項法案通過不久後，一些眾議員和幕僚就受聘於製藥公司，有些還拿到幾百萬美元的年薪。這就是舉世皆然的現金偷竊之實例。

一套新的法則

就我個人來說，我目前並未試圖改變體制，我的個人哲學是，改變自己比改變體制更容易。換句話說，我不是那種對抗潮流，並做無謂努力的人。因此，我沒有政治傾向，也不相信政治或政治人物能有效對抗掌控金錢世界者。其實，大多數政治人物為了勝選，必須成為掌控世界金錢者的爪牙。大多數財務顧問就是這些世界銀行家的員工。

我只想知道法則並依照法則行事。這並不表示，我相信這套法則公平、公正，事實上也並非如此。金錢法則本來就不公平，而且金錢法則會定期改變。此外，這個金錢的新世界雖然不公平，卻已做了許多好事，為世界帶來龐大財富和新產品，並且提高各地的生活水準。數十億人的生活品質日漸改善，金錢已經做了很多好事。

遺憾的是，這些改變卻要讓許多國家和許多人付出龐大的代價，也讓我們的環境遭殃。許多人利用大多數人沒有理財智能而致富，許多人利用別人的財富讓自己成為鉅富。這就是為什麼「財務ＩＱ＃２：保護好你的錢」很重要的原因。俗話說：傻人有傻福。不過，那可是財務掠奪者所指望的事：因為你的無知，讓他們幸福富裕。

Chapter 5

財務IQ#3 錢都編列預算

INCREASE YOUR FINANCIAL IQ

我的窮爸爸常建議：「量入為出，省吃儉用。」

我的富爸爸卻說：「如果你打算致富，你就必須開源節流。」

在這一章中，你會發現「量入為出、省吃儉用」不是精明理財的致富之道。你會學到如何編列預算，而且你會知道預算有二種：一種是預算赤字（budget deficit），一種是預算盈餘（budget surplus）。

預算就是計畫

「預算」（budget）的字義之一是：協調資源與支出的一項計畫。

富爸爸說預算就是計畫。他繼續說道：「大多數的人利用預算作為讓自己變窮人或變成中產階級的一項計畫，而不是讓自己變成富人的一項計畫。大多數人都是以預算赤字的方式過活，而不是以預算盈餘的方式過活。許多人不但沒有努力創造預算盈餘，反而努力讓自己量入為出、省吃儉用，這種做法通常會創造出預算赤字。」

第一種預算：預算赤字

在《巴隆金融投資指南》（Barron’s Finance and Investment Handbook）中，對預算赤字的

定義是：「政府、企業或個人的支出超過收入。」請注意這些字「支出超過收入」。支出超過收入就是預算赤字的主因。有這麼多人以預算赤字的方式過活的原因是，花錢比賺錢容易得多。在面臨預算赤字之前，大多數人選擇減少支出；與其減少支出，富爸爸建議要增加收入，他認為藉由增加收入來擴大財富，這麼做會比較聰明。

1. 政府的預算赤字

說到政府的預算赤字，《巴隆金融投資指南》的定義是：「美國聯邦政府累積的預算赤字必須由發行國庫債券資助。」在本書先前的章節裡，我談論到美國政府如何藉由發行債務（例如：國庫債券），來資助內部的問題，但是這些債券日後必須由納稅人買單。社會福利信託基金其實並不存在，根本是堆積如山的國庫債券罷了。換句話說，因為美國政府以預算赤字的方式運作，工作者和企業支付給社會福利基金的錢，一直被用於購買其他債券，而不是用來增加社會福利信託基金，詳見下頁左圖。

2. 企業的預算赤字

《巴隆金融投資指南》對於企業預算赤字的定義是：「企業必須藉由增加銷售額和

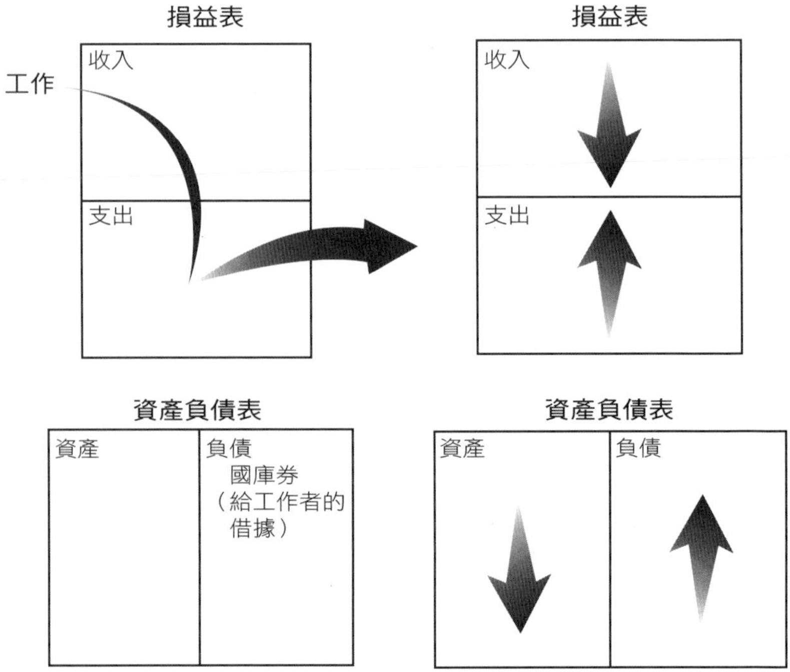

低成本來減少支出，否則長遠來看，企業將無法倖存。」在此，請特別注意二項選擇：一項選擇是增加銷售額，另一項選擇是減少支出。企業赤字的財務報表詳見上圖右。

富爸爸建議我在全錄公司上班的原因之一是，我會學到如何增加銷售額，這樣就等於增加收入。對許多企業和個人來說，增加收入很難。對於推銷能力不佳的企業來說，縮減費用、增加債務（負債）或出售資產，反而比較容易。這樣做的問題在於，會讓情況惡化。因此，富爸爸才建議我要學習推銷能力。具有推銷能力的人就能增加收入。富爸爸認為增加收入遠比減少費用更為明智。顯然，如果有像奢華宴會這類不重要的費用，以及像購買企業專用客機等不具生產力的債務，最好在設法增加銷售額前，先把這些不負責任的財務問題解決掉。

3.個人的預算赤字

《巴隆金融投資指南》對個人預算赤字的定義是：「持續入不敷出的個人將會債台高築，如果不能及時還清債務，就會被迫宣告破產。」

如同我們所知，許多人負債累累，因為他們花的錢比賺的錢還多。不過，如同我在前一章所述，人們可以花用的錢愈來愈少的原因之一是，財務掠奪者在工作者拿到薪水前，就先把他們的錢拿走一部分，也就是說，他們在工作者取得薪資以前，就先拿走一部分的錢，理由是：大多數人都缺乏理財智能，沒辦法管理自己的錢。如果我們的學校教導理財教育，或許我們可以相信工作者可以管理自己的錢，而不是讓官員和銀行家來幫他們管理他們的錢。讓官員和銀行家來管理你的錢，這樣做的問題在於，他們認為你的錢就是他們的錢。個人財務報表如下頁圖。

E象限人士通常無法掌控這四項費用：稅金、社會福利稅、退休金和房貸。從這個圖

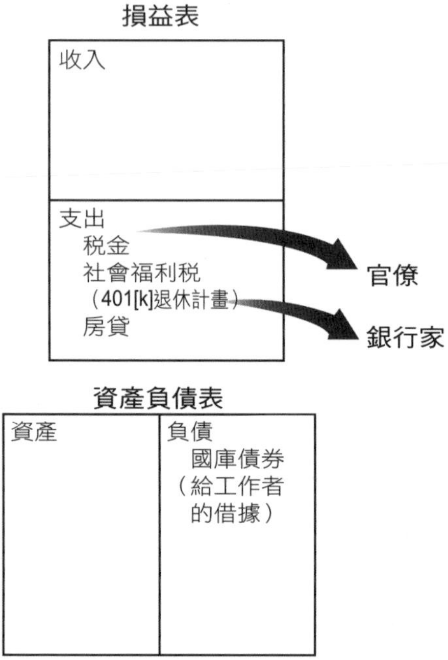

表來看，你會發現政府官員如何透過稅務和社會福利制度拿走你的錢，而銀行家則透過退休金和房貸拿走你的錢。這項行動就是讓許多人面臨預算赤字的主因。具有財務智能者可以掌控這些費用。

第二種預算：預算盈餘

《巴隆金融投資指南》對預算盈餘的定義是：「預算盈餘是指政府、企業或個人在特定時間內的收入超過支出。」請注意這幾個字「收入超過支出」。這未必表示要量入為出、省吃儉用。這項定義也沒有說明有盈餘是因為支出減少，雖然支出減少可能導致收入超過支出。換句話說，只要專注在創造額外收入，可參考財務IQ#1：賺更多更多錢，就可以創造預算盈餘。富爸爸喜歡「收入比支出多」，這就是本章要講述的重點所在，而不是要大家縮衣節食。

1. 政府的預算盈餘

《巴隆金融投資指南》對政府預算盈餘的定義是：「政府若有盈餘就可能選擇推動新的政府方案或減稅。」

這句話的說法有一些問題，一是：政府創造盈餘時，就開始花錢。另一是政府就是這樣發包工作的：如果政府機關有效率又能省錢，就會受到懲罰，而非獎賞，下年度的預算也會被刪減。為了避免遭受這樣的懲罰，大多數政府機關會把預算通通花光，即使不必要花錢，也硬要把錢花掉。這表示費用持續增加，政府預算盈餘的機率根本微乎其微。換句話說，政府官僚制度就是為了預算赤字所設計，不管由誰掌權，稅賦都會增加。

- **民主黨如何管理預算**。或許你記得我在前一章說過，民主黨喜歡加稅和花錢。民主黨喜歡花錢推動更多政府社會方案，例如：社會福利制度和老人醫療保險。問題是，社會方案的規模只會愈來愈大，因為他們無法解決原本要解決的問題。政府為了推動方案，只

損益表

收入 　增加的稅收
支出 　增加的支出

資產負債表

資產	負債
減少資產	透過社會方案 增加負債

好增加預算，於是惡性循環就持續下去。在政府機關裡面，根本就是劣幣驅逐良幣的狀況，庸才受到獎勵，有效率者卻受到懲罰。上圖就是民主黨預算的示意圖。

・**共和黨如何管理預算**。共和黨傾向於借錢和花錢。他們想要透過舉債，用日益貶值的貨幣提供充足的貨幣供給以擴大經濟，這種情況就如同讓整個經濟結構中充斥著合法的偽鈔。額外的金錢製造出收入增加的假象，其實根本是以國庫債券和債券的形式來增加負債，最後讓預算盈餘的可能性因而減少。許多中產階級人士也運用同樣的做法，他們把自己的房子當成提

損益表

收入
藉由減稅來縮編預算
以舉債來增加收入

支出
將稅款用於政治特定項目上
以討好選民

資產負債表

資產	負債
	發行國庫券和債券

款機來使用。每當房價上漲，其實這主要是因為美元購買力下跌所造成的假象，但他們卻以房屋抵押借款來繳卡債。

簡單講，在收入減少、增加債務和支出的情況下，是不可能創造盈餘的。柯林頓總統說得好：「笨蛋，問題出在經濟。」上圖就是共和黨預算的示意圖。

2.企業的預算盈餘

《巴隆金融投資指南》對企業預算盈餘的定義是：「企業若有盈餘就可能透過投資或收購來擴大事業，或選擇買回自家的股票。」

請注意，擴大事業有二種方式：投資或收購。企業花錢擴大事業，不然就是買下另一家公司來擴大本身的事業。如果企業無法透過投資或收購來擴大事業，就可能買回自家股票。這種股票買回行動有時可能表示公司覺得本身無法擴大事業，所以傾向買回自家股票。如果這項行動讓股價上揚，即使公司沒有擴大規模，還是能讓許多股東樂翻了。

每當我聽說某家公司買回自家股票時，我明白這可能有不同的含意。買回庫藏股可能表示公司停止成長，領導階層不知道如何擴大事業。對投資人來說，這可能不是一個好現象，所以，你不但不該在股價上揚時買進股票，反而該趁機拋售股票。

不過，買回庫藏股也可能意謂著領導階層認為自家股價超跌，跟企業資產總值相比，股價超跌正是該買回庫藏股的好時機。如果是這種情況，投資人就該在股價上揚時買進更多股票。換句話說，企業預算盈餘在事業及其領導階層等方面可以做不同的解讀，這一點你必須多加留意。

3. 個人的預算盈餘

《巴隆金融投資指南》對個人預算盈餘的定義是：「個人預算若有盈餘就可能選擇償還部分債務，或增加支出或進行投資。」

請注意，《巴隆金融投資指南》提供個人三種選擇，包括：償還部分債務、增加支出或進行投資。大多數人都知道，有這麼多人深陷財務困境的原因之一是，因為他們增加支出和債務，並且減少投資。

二種選擇

說到財務ＩＱ＃３：錢都編列預算，就只有二種選擇：赤字或盈餘。許多人選擇預算赤字。如果你想加入有錢人的行列，就要選擇預算盈餘，並且藉由增加收入，而非減少費用，來創造盈餘。

1.預算赤字

我住在亞特蘭大的友人丹恩，他賺很多錢也必須花很多錢。如果他沒辦法賺很多錢，就會被金錢問題擊垮，他已經選擇創造預算赤字了。

每次，丹恩賺更多錢，他不是買更大的房子，就是買新車，不然就是帶小孩花大錢去度假。每隔十年左右，他就會跟年輕美眉結婚生子。丹恩年紀愈來愈大，但是他娶的老婆總是一樣二十五歲。丹恩很擅長拿許多錢透過預算赤字，讓自己的金錢問題惡化。

2. 預算盈餘

在編列預算時，你的第二種財務選擇是：預算盈餘。在賺了更多更多錢（財務ＩＱ＃1）、保護好你的錢（財務ＩＱ＃2）之後，就要為盈餘編列預算，才能達到財務健全。

以下就是我從富爸爸和其他有錢人學到如何為預算盈餘編列預算的一些重要秘訣。

預算秘訣＃1：預算盈餘是支出。這是富爸爸給兒子和我最棒的理財課程之一。他指著財務報表跟我們說：「你必須把預算盈餘當成費用。」為了創造預算盈餘，富爸爸的財務報表看起來是這樣，如下圖。

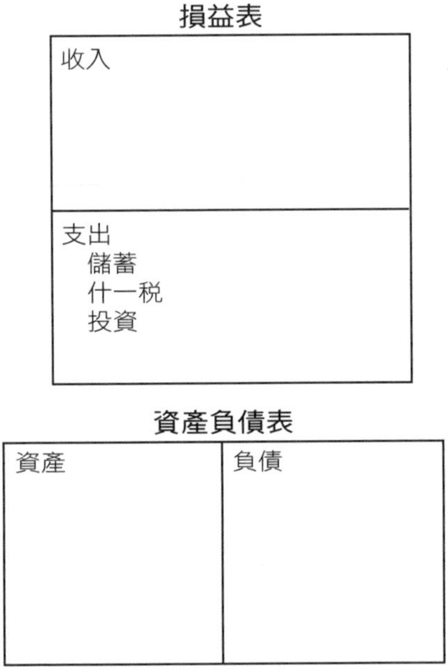

他進一步地向我們解釋，有許多政府、企業和個人無法創造預算盈餘的原因就是，他們認為預算盈餘看起來如下圖。

損益表

收入
支出

資產負債表

資產	負債
儲蓄 什一稅 投資	

在《富爸爸，窮爸爸》這本書裡，我談到先付錢給自己的重要性。第一種預算一就是先付錢給自己的例子，第二種預算則是最後才付錢給自己的例子。

大多數人知道，他們應該儲蓄、繳什一稅[1]和投資。問題是，在支付其他費用後，大多數人根本沒有剩餘的錢可以做這些事。原因就出在，他們把儲蓄、什一稅和投資在優先順序中排到最

1 什一稅：是為天主教教徒的基本義務。什一即是指十分之一，意即奉獻收入的十分之一給宗教使用。

損益表

收入
第一優先

支出
第三優先

資產負債表

資產	負債
第四優先	第二優先

後。

讓我舉例說明此事。檢視下列財務報表時，你就會知道個人排列的優先順序。

換句話說，大多數中產階級的財務優先順序是：

第一優先：獲得高薪工作。

第二優先：申請房貸和車貸。

第三優先：準時繳清帳款。

第四優先：儲蓄、什一稅和投資。

換句話說，「先付錢給自己」在他們的優先順序中排到最後。

盈餘必須是第一要務

為了創造預算盈餘，就必須將盈餘

訂為較高優先順序。因此，將個人消費習慣重新排列優先順序，就是以創造盈餘為較優先要務的最佳做法。你至少要讓儲蓄、什一稅和投資列於第二優先，而且要將這些事項列在個人財務報表的支出欄位。

說比做更容易

我知道大多數人都認同我這種說法的邏輯，也認為人們必須把儲蓄、什一稅和投資列為較高優先順序。我也知道說的比做的還容易，所以，讓我告訴你，金跟我如何應付這個問題。

婚後不久就跟許多新婚夫妻一樣，面臨同樣的財務問題：入不敷出。為了解決這個問題，我們雇用貝蒂記帳並指示她：將我們三〇%的所得當成一項費用，列於資產欄位。

在此，我以簡單數字做說明，如果我們夫妻有一千美元的收入，但是開銷一千五百美元。那麼，貝蒂會從一千美元中提撥三〇%，將三百美元列於資產欄位，剩下的七百美元就用來支付開銷一千五百美元。

貝蒂被我們弄糊塗了，她認為我們瘋了，她說：「你們不能那樣做，你們還有帳單要繳啊。」她幾乎想辭職不幹。你看看，貝蒂是一位很優秀的記帳員，但是她卻像窮人一樣編列預算。她把錢先付給別人，最後才付給自己，到最後沒有什麼錢剩下來，所以自己根本沒拿到錢。她的債權人、政府和銀行，都比她自己還重要。

貝蒂不認同我們的做法，她以往的訓練告訴她，要先付錢給別人，因為不繳清帳單或不繳稅，這種想法會讓她腿軟。

最後，我終於讓她搞懂，她這樣做是幫我們的忙，是在幫我們脫困。我跟她解釋，她正在協助我們解決一個非常重大的問題，也就是錢不夠的問題，而且如你所知，解決問題會讓我們更精明。當她瞭解她其實是透過支出創造收入時，她願意協助我們進行計畫，創造預算盈餘。貝蒂將我們三〇%的所得用於儲蓄、繳什一稅和投資，她知道儲蓄、什一稅和投資是為了創造盈餘的必要費用，是我們第一優先考慮的費用。

至於剩下的七〇%所得，她就拿來幫我們繳稅、繳房貸和車貸，以及其他食衣住行等費用。

不用說，有很長一段時間，我們每個月的錢都不夠用。雖然我們把錢先付給自己，但是我們並沒有足夠的錢付給別人。有幾個月，金跟我甚至不夠四千美元繳清費用，我們可以從資產中支付四千美元，但那是我們的錢，資產欄位是屬於我們的。

我們沒有驚慌失措，我請貝蒂一起坐下，告訴我們每個月缺多少錢。通常，我們夫婦聽完後會深吸一口氣說：「該是回到財務IQ#1：賺更多更多錢的時候了。」有了這項共識後，金跟我會積極做我們可以做的事，賺更多更多錢。金有行銷背景，她通常會打電話給企業，並針對企業的行銷計畫提供建議，此外，她也擔任模特兒並推銷品牌服飾。我則教導投資、推銷和行銷等課程。當時，我還幫忙一個家庭搬家，為另一個家庭開墾一些土地，從中賺錢。

換句話說，我們忍辱負重，想盡辦法賺更多錢。很幸運地，我們總是安度財務難關，貝蒂雖然比我們更擔心，卻一直在身邊協助我們解決問題，找出解決方案並加以實行。

遺憾的是，貝蒂可以幫忙我們，卻不願意幫忙自己。我們最後一次聽到她的消息時，她退休了、搬去跟她的獨生女同住。她們倆人用貝蒂的社會福利給付過活，因為之前她們並沒有創造預算盈餘。

錢要拿來投資

一九八九年時，金買下她的第一間出租公寓。她繳了五千美元頭期款，之後每個月有二十五美元的現金收入。現在，金的投資組合有幾百萬美元，並且擁有一千間以上的出租公寓，目前數目還持續增加中。如果我們當初沒有把投資當成一項費用，並且先付錢給自己，現在可能還是跟大多數人一樣，先把錢付給別人。

儲蓄

我們有現金支付一年以上的生活費後才開始儲蓄。與其把錢放在銀行，我們寧可持有黃金和白銀的指數型基金（exchange-traded fund，簡稱ETF）。換句話說，如果我們需要現金，例如：流動資產，就會請股票經紀人購買的黃金指數型基金和白銀指數型基金，而不是存在銀行裡的現金。如你所知，我不喜歡美元，因為美元的價值會持續下跌。以黃金和白銀的指數型基金當成持有現金或儲蓄，也阻止我把錢花掉。我不喜歡將持有的黃金和白銀的指數型基金股份變現，那等於是把增值資產換成貶值商品。

上帝是我們的夥伴

至於什一稅，我們繼續從所得中撥出相當高的比例，捐款給慈善機構，給予是很重要的事。我有一位相當虔誠的友人就說：「上帝不需要接受，但是人類需要給予。」同樣地，我們給予是因為什一稅是我們付錢給我們的夥伴「上帝」的一種方式。上帝是我所見過最棒的事業夥伴，他只要求我拿出一〇%，讓我保留其他的九〇%。你可知道，如果你不再付錢給你的夥伴，會發生什麼事？他們就不再跟你合作，這就是為什麼我們要繳什一稅的緣故。

捉襟見肘

當我們為盈餘編列預算時，金跟我發現的第一件事是，我們賺的錢不夠。每個月錢都不夠用的好處之一是，我們從年輕時就面臨錢不夠的問題，而不是等到年老時才面臨這個問題。我認為很多人每個月都嫌錢不夠用，而且他們會拖延這個問題，直到退休後年紀較長時還是這樣認為。然而，等到那個時候再解決錢不夠這個問題，就為時已晚。

如同我在這本書開宗明義所說，如果你不解決一個問題，那個問題就會跟的你一輩子。問題很少會自己解決掉，這就是為什麼我跟金在年輕時就決定先付錢給自己，即使我們錢不夠也這樣做。捉襟見肘讓我們不得不解決錢不夠的問題。

誰叫得最大聲

當我們先付錢給自己時，叫得最大聲的人就是銀行和債主。與其讓他們威脅我們付錢，反而該讓他們威脅我們增加財務ＩＱ＃１：賺更多更多錢。

許多人沒有先付錢給自己，因為沒有人對他們大吼大叫。沒有人請催帳公司向他們討債，你不會拿抵押品流當來威脅自己。換句話說，如果我們沒有先付錢給自己，我們就沒有讓自己承受壓力反而會因為債權人施壓而屈服，所以先付錢給他們。金跟我就運用來自支出欄位的債權人壓力策略，激勵自己賺更多錢並增加收入。

預算秘訣#2：支出欄位就是預測未來的水晶球。如果你想要預測某人的未來，只要看看此人每月的可支配費用就行，例如下表。

某甲	某乙
捐錢給教會	半打啤酒
儲蓄	新鞋
投資理財書籍	新電視
投資研討會	足球賽門票
健身房會費	半打啤酒
捐款給慈善機構	洋芋片
請私人教練費用	半打啤酒

富爸爸說：「要判斷一個人，就看他（她）把時間和金錢都花在什麼方面。」他也說：「時間和金錢是非常重要的資產，要聰明地加以運用。」

你可以檢視個人的支出欄位，得知此人對預算盈餘的重視程度，例如下圖。

只要檢視有多少錢是先付給其他組織或其他人。請注意，我把退休金當成一項負債。就技術層面來說，退休金在成為一項資產以前，是一項短期負債。而且，

損益表

收入 　薪資
支出 　所得稅 　社會福利稅 　401（k）退休金計畫 　房貸 　車貸 　信用卡帳單 　食物服飾 　加油 　電費

資產負債表

資產	負債
	房貸 車貸 卡債 退休金

如果你仰賴401(k)作為退休金，因為這是以薪資所得來課稅，所以你會支付最高的稅率。

跟上述支出欄位跟錢先付給自己的支出欄位相比，如下圖。

記住這一點：你的資產欄位就是你的欄位。如果你不把錢先付給自己，沒有人會把錢付給你。透過每天的支出，你和上帝（如果你相信上帝並繳什一稅給上帝）就會決定你的財務未來。

預算秘訣#3：我的資產支付我的債務。我的窮爸爸喜歡買廉價品，他認為節儉是精明理財之道。我們住在一般社區，就跟一般小康家庭沒什麼兩樣。我的富爸爸卻喜歡奢華，他住在高級社區的豪宅裡，而且過著富裕的生活。雖然他花錢很謹慎，但他不喜歡買廉價品，如下圖。

如果我的窮爸爸想要某樣奢侈品，他只會拒絕自己去擁有奢侈品。他會

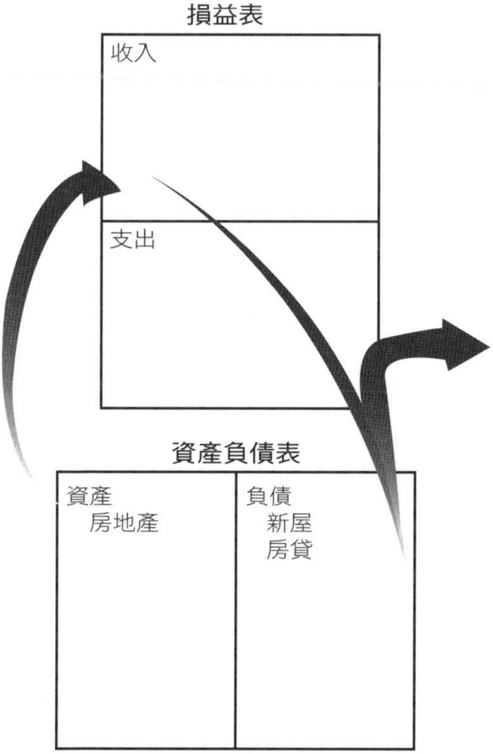

說：「這東西我們買不起。」如果我的富爸爸想要某樣奢侈品，他只會說：「我要怎樣才能買得起這東西？」而且，他想出的辦法就是，在資產欄位創造一項資產，一項能夠支付這項債務（奢侈品）的資產。

換句話說，他藉由先付錢給自己再取得一項資產。利用從資產來的現金流，他就能購買奢侈品（債務），如果他想要昂貴的奢侈品，他就先創造價值不菲的資產。許多人卻背道而馳，他們先買下昂貴的奢侈品，卻從來沒有足夠的錢去購買資產。我要再次強調，這就是優先順序的問題。

賓特利帳戶

二年前，我想買一部要價二十萬美元的賓特利（Bentley）敞篷車。當時，我的資產欄位裡有這麼多錢，我其實可以用現金購買這輛車。但是，用現金購買會出現一個問題：當我把車開離經銷商的停車場時，這輛車就已經折價只剩下十二萬五千美元。把我的現金做這樣運用，實在不太聰明。

所以我沒有花現金買車，反而打電話給湯姆，授權他將我持有的黃金和白銀的指數型基金股份兌現二十萬美元。他的職責是，要把二十萬美元變成四十五萬美元。這項計畫就稱為賓特利帳戶，湯姆大概花了八個月時間完成這項計畫，最後他打電話跟我說：「你可以買賓特利了。」然後，我開了一張支票，用我設立資產所產生的現金付錢買了一輛賓特利敞篷車。這項交易在我的財務報表上出現以下變化：

一開始的資產負債表如下：

資產負債表

資產	負債
200,000美元	

最後的資產負債表如下：

資產負債表

資產	負債
200,000美元	賓特利汽車

我需要將整個帳戶金額增加到四十五萬美元的原因是，額外的五萬美元可以支付資本利得稅和該支付給湯姆的佣金。當天結束時，我不但擁有賓特利跑車，帳戶裡也還有二十萬美元。

如果當初沒有進行投資，直接以現金購買賓特利跑車，最後的資產負債表則呈：

資產負債表

資產	負債
	賓特利汽車

我會損失二十萬美元的現金資產（例如：我持有的黃金和白銀的指數型基金股份），我也會因為購車後馬上折價，而額外損失七萬五千美元。

在前一章談論財務ＩＱ＃2：保護好你的錢，我談到優秀的經紀人能讓我富裕幸福，讓我有錢可過奢華的生活。所以，如果你還沒找到優秀的經紀人，別忘了繼續尋覓。

當作家的好處之一是，當我想要一項新負債時，我就先寫一本書，就像現在一樣，然後我就以新書版稅支付那項負債。日後的交易就像這樣：

資產負債表

資產	負債
這本書	未來債務

在這個時候，或許我該提醒你，什麼是資產，什麼是負債。我在《富爸爸，窮爸爸》中對資產和負債做了簡單的定義：資產就是把錢放進你口袋的東西，負債就是把錢拿出你口袋的東西。享受負債並沒有什麼錯——只要你繼續先付錢給自己，並且透過個人資產增加收入來購買債務。在之前的例子中，我利用個人資產來購買債務，到最後我還能擁有資產和賓特利跑車。

透過資產購買債務的其他例子詳見下圖。

資產負債表

資產	負債
公寓	永久住宅

資產負債表

資產	負債
石油生產	海灘渡假屋

這些是金跟我如何運用對奢侈品的渴望而讓我們更富有，而非更貧窮的實例。如前所述，我不相信量入為出、省吃儉用這套做法。我相信先擴大收入，然後享受人生。此乃是因為財務ＩＱ低的人只知道如何量入為出、省吃儉用，換句話說，他們只知道節流。但是，如果你不給自己奢華的生活，又何苦活在世上？

預算秘訣＃4：花錢致富。當財務狀況吃緊時，大多數的人會省吃儉用、不肯花錢。這就是為什麼許多人無法取得財富並維持財富的一項原因。

舉例來說，在商場中，企業銷售額開始下滑時，會計首先會做的事情之一就是樽節開支。而且，他們最先縮減的支出之一就是廣告費用和宣傳費用。在廣告和宣傳愈來愈少的情況下，銷售額就下滑，問題就更加惡化。

高財務智能的一個跡象是，知道何時要花錢，何時要省錢。當金跟我知道我們正身處困境時，我們並沒有讓記帳人員貝蒂刪減我們的費用並拿錢繳清帳款，我們反而展開大規模的推銷、行銷和促銷。我們花時間、金錢和精力來增加我們的收入，我們並沒有縮減任何費用。

在職場上，有很多企業主或經理人正虎視眈眈地尋找獵物——那些需要工作和金錢的人。有的人利用工作者的弱點，讓工作者愈來愈弱而任憑擺布。舉例來說，有許多大企業以減薪和（或）增加工作的方式，讓你更辛苦地工作，如果你不服氣選擇離職，永遠有人可以取代你的職位。商場的遊戲規則就是這樣。

我在全錄公司工作時的情況就是這樣。當我表現很好時，公司不但沒有幫我加薪，反而縮小我的業務範圍，提高我的業績目標，而且還把我的薪水減薪。他們想藉由這種方式讓我更有生產力。起初，我很生氣，很想辭職不幹……，也差一點這麼做。

如果不是富爸爸對我提出忠告，我可能早就辭職不幹。當時，富爸爸提醒我，全錄公司是依照經營方式訓練我。他們訓練我要以少做多，讓我更有實力。一旦我發現這種經營方式的好處後，我確實成為更優秀的企業人士，並學會承受壓力並善加運用，讓自己受益。

當金跟我告訴貝蒂，把收入拿來繳稅和繳清帳單前，我們要先付錢給自己時，這就是我們讓自己在商場上變得更有實力、更有生存的一種方式。我們在債主打電話威脅我們時並沒有哭天喊地、畏縮屈服地付款，反而運用他們給予的壓力，鞭策自己積極努力賺更多錢。

當人們批評我，惡意中傷我，想把我擊垮時，我會運用他們這股否定力量，讓自己更積極、更下定決心勢必要贏。**當問題出現時，我會利用問題讓自己更精明也更有能力，最後問題就會迎刃而解。**

每天抽一點時間

編列預算是我們要學習也要精通的一個重要過程，所以，每天抽一點時間編列預算。金跟我並沒有為錢爭吵，反而利用這個過程討論財務，並且藉此瞭解金錢也瞭解自己。雖然財務狀況不會瞬間好轉，但是肯解決問題，情況確實會好轉。如果你由衷地努力創造預算盈餘，你的人生就會更富裕。那就是預算編列的目的所在——即使你擁有的不是金錢，也要善加利用你所擁有的，讓你更好、更有實力，也更富裕。

窮人也能翻身致富

我要再次強調，預算的定義是：將資源和支出加以調度的一項計畫。你或許注意到，這個定義並未說明這是協調「金錢」的一項計畫，而是跟資源的協調有關。我跟富爸爸學到一項相當重要的啟示是：財務問題是一項資源，如果你懂得解決問題的話。如果你學會將錢不夠、老闆很差勁或債務堆積如山這些問題，當作資源和學習良機看待，你勢必可以創造出預算盈餘。

富爸爸教導我有關財務智能的啟示，其實就跟「有應變力」有關。他教導他的兒子跟我要有應變力，要把問題變成機會。「小時候，我們家很窮。現在能變成有錢人，是因為我把貧窮當成機會，當成是上帝給予我，讓我善加運用、讓自己致富的重要資源。」

好債與壞債

債務可分為二種：好債與壞債。簡單講，好債讓你更富有，讓別人為你償還債務；壞債讓你更貧窮，讓你必須替自己攤還債務。

金錢會讓人做出愚蠢的事。舉例來說，許多人就在財務方面做出相當瘋狂的事，比方說：買豪宅、蓋游泳池、刷卡購物，然後用房屋抵押借款來還卡債。這就是讓情況更加惡化，創造預算赤字的例子。

我們的政府就這樣做。許多政府官員認為要花錢才能解決問題，所以問題愈變愈大，需要更多更多錢，結果就導致預算赤字。

目前全球面臨一個相當嚴重的問題就是：壞債過多。壞債是來自負債的債務。壞債會拖垮國家、企業和個人。致富的其中一種方式是，把壞帳當成機會，當成讓你更富有、而非讓你貧窮的一項資源。

如果你正受到壞債所阻擾，那麼你可能就是自己最大的勁敵。當人們借壞債來解決問題，問題勢必會更加惡化，問題也會愈來愈大。我的建議是，把壞債當成是學習與成長的良機，讓你藉此變得更精明。

我旗下的公司曾經遭遇失敗過，損失將近一百萬美元。在賣掉個人資產和公司資產後，我還負債四十萬美元左右。為了解決這項壞債，金跟我想出一個計畫，準備把壞債一併除掉。這一次，我們還是沒有縮衣節食，我們指示貝蒂讓我們繼續先付錢給自己，我們也利用個問題變得更富有，而不是變得更窮。換句話說，我們在還清所有債務時也讓自己變得更富有。我們繼續捐款、儲蓄和投資，並且積極還清所有壞帳。

回想起當時我們堆積如山的債務，我很慶幸金跟我透過問題解決的過程，在編列預算方面愈來愈精明。雖然我絕不想再讓自己深陷龐大債務中，但我很慶幸我們從這個問題中學習並將問題解決掉。

當金跟我缺錢時，我們利用問題作為賺更多錢的一項資源。我們不但沒有縮衣節食或借錢來支付壞帳，反而以問題作為讓自己更有應變力的一項資源，也把問題當成是學習及變得更富有的大好機會。

把這個牢記在心

「財務IQ＃3：錢都編列預算」就像財務IQ＃2一樣，都是以百分比為評量單位，也就是有多少百分比的所得列入你的資產欄位。

如果你認為把三〇％的所得列入資產欄位太難的話，那麼就從三％的所得列入資產欄位開始做起。舉例來說，如果你賺一千美元，你不必把三百美元（三〇％的所得）列入資產欄位，只要把三十美元（三％的所得）列入資產欄位。如果這樣做還是讓你過得很辛苦，那可是好事。如果你想更有應變力、更富裕，現在過過苦日子磨鍊一下也未嘗不可。

你能從所得中撥出愈高的百分比列入資產欄位，你的財務ＩＱ＃３就愈高。金跟我直接將八〇%的所得列入資產欄位，也盡全力用二〇%的所得過好生活。而且，我們從來說：「這東西我們買不起」，因為我們也拒絕縮衣節食。藉由持續挑戰現況，讓自己更懂得應變，也創造一個更富裕的人生及預算盈餘。

Chapter 6

財務IQ #4
懂得用錢賺錢

INCREASE YOUR FINANCIAL IQ

二〇〇七年八月九日，美股暴跌將近四百點。聯準會（FED）和全球各國央銀開始挹注數十億美元現金拯救經濟，以確保這股恐慌情緒不會蔓延。

隔天，市場依舊瀰漫著緊張氣氛。當天早上我打開電視，晨間新聞正在訪問三位理財顧問，請他們發表意見。他們異口同聲地說：「不要慌張，要堅持到底。」

當被問及進一步的建議，這三名理財顧問異口同聲表示：「存錢、還清債務、長期分散投資共同基金。」當我邊看電視邊刮完鬍子，心想這些理財顧問是不是都從同一間學校畢業，怎麼都講一樣的話。

最後，有一位顧問終於發表不同的意見，她開始責怪房地產市場讓股市暴跌，怪罪貪婪的投資人、昧著良心的房地產經紀人和掠奪利益的房貸業者引發次貸危機，導致股市崩盤。

這名顧問說：「我告訴我的客戶，投資房地產風險很高，我的忠告自始至終都沒有改變。房地產投資很冒險，投資人應該長期投資績優股和共同基金。」

當這名理財顧問在電視上結束她對房地產投資的抨擊時，我太太金走進房間跟我說：「記得喔！我們今天有三百個單位的公寓住宅要成交。」

我點點頭說：「我會過去的。」

我穿好衣服時心想：「真好笑，那位財務顧問說投資房地產很冒險。現在房地產市場崩盤，金跟我正要在奧克拉荷馬州土桑市買下一棟一千七百萬美元的公寓住宅，……而且，我們正為這件事興奮不已。這是怎麼搞的，我們住在同一個星球上嗎？」

新資本主義

二〇〇七年八月九日和八月十日，當投資人損失數十億美元之際，美國聯邦準備銀行正挹注數十億美元到銀行體系，盡全力阻止房市、股市和債市的恐慌。這項資金挹注就是資本主義如何運作的一項實例，經濟體制建立在債務之上，並且由中央銀行運用全球貨幣供給來進行金錢遊戲。這種做法就如同你我以信用卡支付卡債一樣。

那次股市崩盤的幾天後，我受邀上二個電視節目和三個電台節目擔任來賓，對這次股市崩盤提出評論。節目主持人想知道我對股市崩盤有何看法，以及我如何看待聯準會對股市挹注現金，聯邦準備銀行是否該藉降息來拯救股市。我在所有訪談節目中都表示：「我不喜歡央行操控市場。我不認為政府應該緊急援助避險基金和金融機構，保護他們免受因貪婪所犯的錯。」我也表示：「我不會同情這些傢伙。你想想看，在一天之內，幾百萬名辛苦工作的人們，他們沒有用錢耍把戲，卻看到自家房屋的價值下挫，看到存款價值在債市中下跌，而退休投資組合的價值也跟著股市崩盤暴跌。」

當被問及我是否繼續投資時，我說：「我會繼續投資。」被問到我是否認為在暴跌的市場中投資很冒險，我回答：「風險總是存在。」接著我繼續補充說：「市場的起起落落並不會影響我為什麼投資或投資什麼。」

二種觀點

其實我認為有一個很好的問題應該被提出來，只不過當初受訪時沒人問到這個問題：理財顧問看壞房地產投資和我對房地產投資的看法，兩者之間有何差異？或者說，為什麼在這麼多人驚慌失措之際，我卻興致勃勃地要買進更多房地產？

這些問題的答案就是本章要講述的二項財務概念：控制與槓桿。

如同本書一再提及，金錢法則自一九七一年和一九七四年起已有所改變。現在，有新的金錢法則和新的資本主義。一九七四年時，數百萬名工作者開始失去終生俸，也就是所謂的確定給付制退休金計畫。現在，他們必須以確定提撥制退休金計畫，為退休生活儲蓄及投資。問題是，大多數人根本沒有接受過理財訓練或教育，無法為自己的退休做適當的投資。另一個問題是，資本主義的新法則要求工作者投資他們無法掌控或無法發揮槓桿作用的資產。在市場崩盤期間，大多數人只能無助地觀望，看著金融海嘯吞沒他們的財產和財務保障。

新資本主義將數百萬名工作者的錢用於讓他們無法掌控或無法發揮槓桿作用的投資，以我投資的三百單位公寓住宅為例，我就沒有受到市場崩盤的影響。因為我可以掌控以及我有自信運用更多的槓桿作用。也因為可以掌控又能發揮槓桿作用，所以在更短的時間內，以相當低的風險獲得更多財富，並且盡量減少市場起落對個人投資的影響。

股市已經崩盤很久了

同前所述，《今日美國》（USA Today）進行一項調查發現，美國人民最恐懼的不是恐怖主義，而是退休時錢花光了。在二〇〇七年八月九日和八月十日後，我確信這股恐懼會更進一步地擴大。

人們如此擔心是有理由的，當你檢視下面這二張圖表，

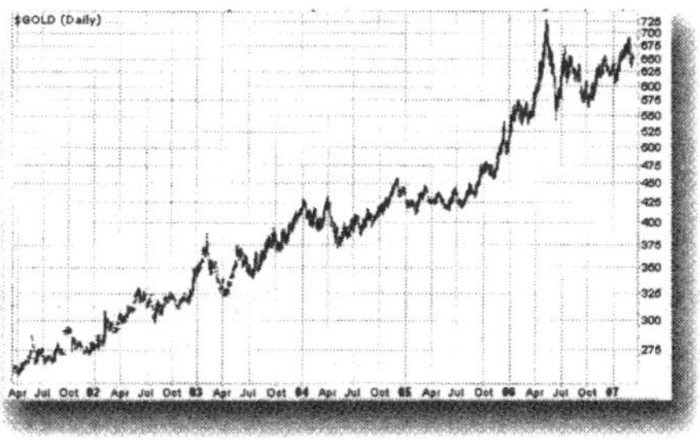

美元的道瓊工業指數

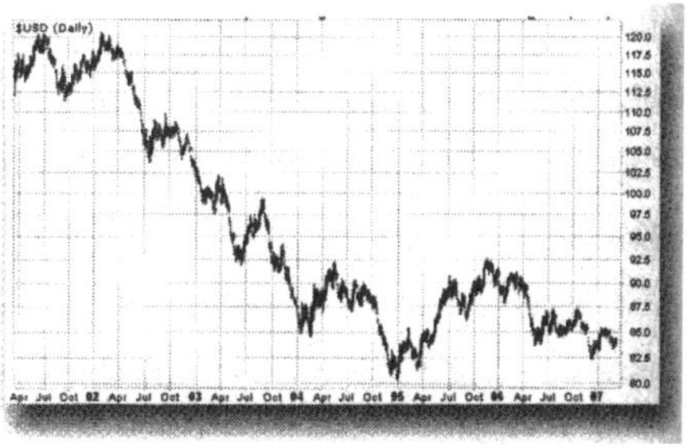

黃金的道瓊工業指數價

你會發現金錢法則在一九七一年和一九七四年的改變，對於股市價值所造成的影響。如你所看到的，市場其實已經萎靡很久了。

跟房市一樣，道瓊工業指數在價格持續上升，但是美元的購買力其實逐漸下降。這種貨幣購買力的下降讓大多數工作者對未來財務前景堪憂。這二張圖表說明了，未來他們只會花更多錢，所有東西都會變得更貴。

大多數工作者在無法發揮槓桿作用的情況下，無法撥出足夠的錢為未來做準備，因為他們存更多錢，錢的價值就更低，等於讓自己更身處險境。在希特勒（Hitler）執政前，有一個關於德國經濟的故事能說明這個概念。是這樣說的，一名婦人推著裝滿錢的手推車到麵包店買一條麵包，在談妥價錢後，婦人走出麵包店拿錢，卻發現有人把她的手推車偷走了，錢卻散落了一地，這種情況正發生在美國存款人身上。

在這種通貨膨脹的經濟中，退休人士究竟需要多少存款才足以應付退休生活？如果你退休了，又需要動手術才能活命，況且政府醫療方案無法給付手術費，你該怎麼辦？如果你的問題是沒有足夠的錢在退休時花用，你會怎麼做？

這就是為什麼「財務ＩＱ＃4：懂得用錢賺錢」如此重要。槓桿（leverage）讓別人的錢為你工作，而且如果你有高財務ＩＱ＃3，你就可以繳更少更少的稅。

槓桿是什麼?

簡單講，財務槓桿的定義是：以少做多。舉例來說，把錢存入銀行的人就沒有發揮槓桿作用，他把自己的錢存在銀行，而且他存的每一塊錢所發揮的槓桿作用是1：1。所以，存款人只是把錢儲存起來。

以我投資三百單位公寓住宅為例，這項價值一千七百萬美元的投資，由銀行出資八〇%，我藉由運用銀行的資金，發揮1：4的槓桿作用。我為這項交易投資一美元，銀行就借我四美元。

既然這樣，為什麼理財顧問在電視節目中表示，房地產是如此冒險的投資呢?我要再次強調，答案就是掌控。如果投資人在掌控投資上缺乏財務智能，那麼運用槓桿就相當冒險。由於大多數理財顧問把人們的錢投入他們無法控制的投資，所以他們不該運用槓桿。運用槓桿是針對你無法掌控的事物進行投資，這樣做就好像買一部沒有方向盤的汽車，踩下油門加速前進，最後就會付出慘痛的代價。

在房地產市場泡沫化中虧損連連的人，原本是指望大房地產持續上漲，來增加本身住宅價的者。許多人在房價上漲時將房子拿出做抵押。現在，他們的房屋價值可能不到借款的一半。他們無法掌控投資，只好任憑市場擺布。

現在，許多還繳得起房貸的屋主覺得心情糟透了，因為他們的房價下跌，他們看著房屋價值憑空消失。當房價下跌時，許多屋主覺得他們虧錢了，這就是我們常說的「財富效應」（wealth effect）。由於通貨膨脹，事實上並非資產價值增加，而是美元購買力下跌，這使得許多人誤以為房價上漲了，以為自己變富有了。當人們覺得自己有錢了，就開始借更多錢（槓桿）並花更多錢，負債當然也隨之增加。這就是新資本主義所產生的結果，這種經濟擴張是以美元下跌和債務增加為依據。

我的財富不是以淨值為依據

財富效應是根源於對淨值的誤解。淨值是你的財產扣除你的負債後所得到的數字。當房價上漲時，大多數人以為自己得到的淨值也跟著上漲。對於那些看過我其他著作的讀者來說，你們應該已經知道我基於下面這三項因素，認為淨值根本毫無用處：

1. 淨值通常是依據意見，而非依據事實所做的一項估計值。房屋價值只是一項估計值。在把房子賣掉以前，你無法得知房子的真正價格。換句話說，許多人過度膨脹自家房屋的價值，等到把房子脫手後，才知道事實，也就是實際價格與實際價值。遺憾的是，許多人或許已經依據本身對自家住宅認定的價值向銀行抵押借款，就算他們把房子賣掉，可能也無法還清負債。

2. **淨值通常是以價值日漸減少的財產為依據**。在填寫信用申請書時，我必須列出我個人資產欄位中的大多數財產。我可以把我的西裝、襯衫、領帶和皮鞋列為資產，就如同我可以把汽車列為資產一樣。你我都知道，穿過的襯衫根本沒有什麼價值，中古車的價值也比新車價值少很多。

3. **淨值上升通常是因為美元購買力下跌所引起**。有些房屋的價值增加就是因為美元的價值下跌。換句話說，房屋的價值根本沒有增加，只是要花更多錢才能買到同樣的房子，這全都是因為政府和中央銀行挹注更多資金到經濟體制中以維持現況，讓人們繼續對未來充滿幻想。

政治人物最大的恐懼

我用「對未來充滿幻想」這樣的措辭，因為政治人物和官員的最大恐懼是：人們感到不安。以整個歷史來看，當人們感到不安時，國王、皇后和統治者就會被推翻掉，甚至被處死。或許你想起法國人民將瑪麗皇后（Marie Antoinette）砍頭，以及俄羅斯人民將最後一任沙皇及妻小處死的情景。

舊資本主義是建立實際的經濟基礎上；而新的資本主義卻是植基在對未來充滿憧憬的基礎上。只要個人淨值上漲，這種依據負債，而非依據生產對未來榮景所做的幻想就會繼續下去。當你已經拿到自己想要的東西時，誰會有意見呢？只要世界經濟讓美國政府和美國消費者得以舉債花錢，全球經濟的謊言就會繼續下去。如果這個夢想變成夢魘，美夢變成幻夢，那麼局勢可能又要改觀，或許這次沒有人會被處死，但是在政治、專業和財務上卻會造成衝擊。

價值不是以通貨膨脹為依據

我投資的公寓價值一千七百萬美元，不是以通貨膨脹或房價為依據。雖然價格很重要，但我不仰賴因為某些神奇未見的市場情勢而讓房價上揚。我不會因淨值增加而心情大好，或因擔憂房市崩跌而心情大壞。那就是為什麼市場起落跟我沒有太大關係的原因。

我的公寓住宅的價值是以房客支付的租金為依據。換句話說，我的房客認為這項財產值多少錢，就是這項財產的真正價值。如果租屋者認為這間公寓每月租金五百美元很合理，這就是這個財產的價值。如果我可以增加房客對於我的財產所認知的價值，我就能增加這項財產的價值。請注意，在此是我握有掌控能力，而非市場握有掌控能力。如果我增加租金，卻沒有增加房客對公寓的認知價值，那麼房客就會去租同一條街上的其他房子。

再以我的公寓為例，租屋的價值取決於工作、薪資、人口統計資料、當地產業、以及平價住宅的供需狀況。房價暴跌時，租屋需求通常會增加，換句話說需求和租金會一起上揚。如果租金上漲，即使在房地產價值下跌，但租賃房產的價值卻可能會上升。

我購買三百單位公寓住宅，是基於三項特定原因，所以我並不擔心房市不振。其中一項原因是，奧克拉荷馬州土桑市是以石油起家的新興都市，在這裡高薪工作比比皆是。石油產業需要工作者，而短期工作者需要租屋。第二個原因是，當地大學就在我購買的公寓附近，而且這所大學的學生人數目前正成倍數成長，學校宿舍房間數卻沒有增加，因此租屋需求大增。很多人都知道，有另一波嬰兒潮出現，也就是所謂的「回聲潮世代[2]」，這個世代正進入大學就讀，人數有七千三百萬人之多。他們就學時大多會在外租屋。第三個原因是：現有貸款的固定利率很低，低利息支出、較低的費用和逐漸增加的收入，就能增加財產價值，並且不會受到市場波動所影響。

2 回聲潮世代：是指echo boomers，譯注：出生於一九七〇年代末期到一九九〇年代初期者，大多為嬰兒潮世代的子女。

換句話說，三百個單位的公寓提供我掌控並發揮槓桿作用。我身為這項公寓住宅投資人的職責是，將財務槓桿從1：4盡可能增加到1：10，例如：透過營運，而非透過市場，將財產價值增加為二倍。而且，只要我握有掌控權，我就能這樣做。

運用槓桿並不冒險

許多理財顧問會告訴你，報酬愈高，風險就愈高。換句話說，槓桿是冒險的。這麼說根本就是胡扯，唯有在人們投資自己無法掌控的資產時，槓桿才是冒險的。如果個人可以掌控，就可以在只有些微風險的情況下應用槓桿。大多數理財顧問會說：「報酬愈高、風險就愈高」，只因為他們所推銷的投資，讓投資人只有相當些微的掌控空間。

同前所述，我在土桑市投資一千七百萬美元買下公寓住宅，這是我運用槓桿做的一項好投資，因為我可以掌控這項運作，而且這項運作（例如：透過租金累積所得金額）決定投資的價值。房屋並不是一項好投資，況且以房屋發揮槓桿作用是冒險的，因為你無法掌控房屋的價值。房屋的價值是以市場及購屋所用貨幣之購買力為依據，這些事情是你無法控制的。

何謂掌控？

像存款、股票、債券、共同型基金和指數型基金等紙資產（Paper asset）的主要缺點是：不能控制。而且，因為你無法掌控，就很難應用槓桿，就算應用槓桿也很冒險。因為這些紙資產提供相當少的掌控，所以很難向銀行借錢投資這類資產。所以，究竟什麼是掌控？

我將財務報表列出如下，說明專業投資人和銀行所要的四大掌控：

損益表

收入 銷售額 租金
支出 營運成本

資產負債表

資產	負債
事業 房地產	債務

身為企業家，我可以掌控個人事業財務報表的這四個欄位。身為房地產投資人，我也必須掌控個人投資財務報表的這四個欄位。

財務智能就是掌控的關鍵

財務智能增加控制能力，而財務ＩＱ是評量財務智能的財務報酬。再以我投資的三百個單位公寓住宅為例：

1. 收入欄位。在取得這項財產後的首要步驟是：增加租金。換句話說，我已經從第一天起就開始賺錢。即使如此，目標計畫或經營計畫是藉由下列做法，在未來三年內讓每單位月租提高一百美元：

- 提高目前租金，因為目前的租金低於行情。
- 在所有單位裡安裝洗衣機和乾衣機，藉此加收租金。
- 對房屋進行裝潢或修繕，例如造景和重新粉刷。

這些做法都可以運用銀行的錢，而不是用我的錢來完成。當我們向銀行提出我們的經營計畫時，這些修繕就是計畫的一部分，也被計算到總貸款金額中。將三百個單位、每月額外增加一百美元租金，總計三年的時間，這項增加金額讓我們每個月增加三萬美元的收入，每年額外增加三十六萬美元的收入。在收入方面的這項增加就是控制與槓桿的實例。

如果這項計畫奏效的話，從現在起的三年內，我的財務ＩＱ＃4（槓桿）將大幅提升，因為我不必讓投資人增加額外資金就能增加收入，只要懂得如何管理資產（控制），取得更高的獲利能力。因為可以運用投資人掌控及銀行的資金來增加收入，所以我就可以大幅提升我的財務ＩＱ。

2.支出欄位。下一個可控制目標是降低支出，這項目標可藉由不同方式達成。其中一個特別例子就是，藉由透過降低行政成本來降低勞工成本。因為我們擁有其他財產，許多成本可以透過總公司一併處理。有時候，這些成本就稱為「後勤部門支出」（back-office expense），包括：會計、簿記、律師和行政人員等成本；另外像保險、財產稅、水費、維修和景觀等其他費用也可以透過更好的成本管理和規模經濟，而達到降低支出的目標。此外，還可以藉由保持低流動率、減少必須把公寓重新承租出去的時間，來降低支出並增加收入。舉例來說，房客通知管理公司何時要退租，清潔人員就在退租當天把公寓清理好，當天晚上就能讓想租屋者前來看屋。而且在許多情況下，可以在現有房客退租前就先找好新房客。

顯然，許多能力不足的投資人無法降低支出，反而還增加支出，讓房地產投資變成一項差勁的投資，至少對他們而言是這樣。通常，他們因為想省錢，導致無法管理房客的素質及本身所擁有房地產的吸引力。在許多情況中，房地產價值下跌是因為管理不當。我們喜歡買下這類房地產，因為我們可以透過妥善的物業管理，將這些投資變得有利可圖。換句話說，效率不彰的投資人反而讓我們賺大錢。

物業管理是一項關鍵性的掌控

如你所知，物業管理是房地產獲利能力的關鍵之一。我跟大多數投資一樣，都不喜歡物業管理，所以我請《The ABC's of Real Estate Investing》的作者肯恩．麥克洛伊（Ken McElroy）做合夥人，他的公司是美國西南方一帶物業管理的翹楚。

之所以不碰大多數股票和共同基金的原因之一是，我無法掌控這類投資的費用，尤其是管理階層的薪資、獎金和報酬。我每次從媒體得知，某公司在股價下跌之際，貪婪的執行長還獲得加薪，就讓我很生氣。舉例來說，居家倉庫（Home Depot）執行長羅勃特．納德利（Robert

Nardelli）年薪高達三千八百萬美元，而且每年還保證可領到三百萬美元的獎金。遺憾的是，居家倉庫的業績一直不太理想，最後納德利在董事會答應支付他二億一千萬美元的情況下才辭職。

對我來說，這項費用太過龐大，根本是敲詐。這就是我為什麼不喜歡紙資產的原因。大多數紙資產都是由企管碩士負責管理，這些員工比較關心自己的財務，而不關心投資人的財務保障。

況且，居家倉庫的主管薪資

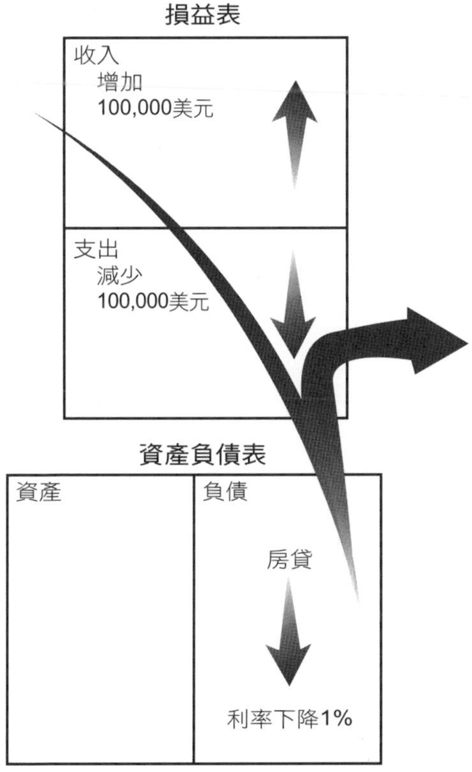

雖高，在業界卻不是例外，而是常態。

3. 資產欄位。我所買下三百個單位的公寓住宅，只要支付四．九五%的房貸利率，因為利率可以讓我可以增加整個房地產的資產價值。藉由再多貸一個房貸並支付六．五%的房貸利率，我們可以讓平均房貸利率達到五．五%左右（因為二項房貸的金額不同）。房貸利率低是一項重要的掌控和槓桿，因為幾百萬美元的一%就會對淨收入產生龐大的影響。舉例來說，一千萬美元房貸利率能

損益表

收入 收入增加基於以下原因： 1.增加租金 2.減少費用 3.減少房貸成本
支出

資產負債表

資產	負債
資產價值增加 基於下列因素： 1.增加租金 2.減少費用 3.減少房貸成本	

少一%，就等於年收入額外增加十萬美元。如同上頁圖所示，減少負債和減少債務利息費用也是發揮槓桿作用的一個例子。

4. 負債欄位。藉由增加租金、減少費用以及減少負債或減少債務利息，就可以增加房地產的資產價值。如同下頁圖所示，控制收入和把收入往預期的方向轉移，也是槓桿的一種形式，也是財務智能的功用之一。

咬蘋果遊戲

現在，隨著股市起起落落，許多投資人看起來就像參加嘉年華會者，用嘴巴咬起浮在水面上的蘋果。這樣做看似有趣，我卻不希望自己每天要靠這種方式賺錢。

與其看著股票或共同基金在市場中載浮載沉，我寧可自己掌控財務報表。藉由具備財務智能來掌控收入、費用、負債，以及個人投資的最終價值，我就能控制自己的財務命運。

但是，利用儲蓄、股票、債券、共同基金或指數型基金的投資人，都不能在財務報表這四個欄位的任何一個欄中發揮槓桿作用，更遑論說要控制。

重點概述

在繼續更高形式的槓桿和掌控之前，我先扼要的將前述重點做一整理。先前我們已經討論過七項重點：

1. **有很多形式的槓桿**。大多數人熟悉的財務槓桿就是債務槓桿，也就是運用別人的錢來發揮槓桿作用。不過，財務槓桿還有其他形式，例如：將財務智能應用到財務控制以發揮槓桿作用。事實上，五大財務智能：增加收入、把錢保管好、編列預算、以錢賺錢和善用資訊，全都是財務槓桿的形式。任何能讓你的工作更容易的事都是槓桿。正如同堆高機可以讓人更容易移動重物，較高的財務ＩＱ可以讓人們更容易做出複雜的投資決定。

2. **大多數投資人投資自己無法掌控的紙資產**。儲蓄、股票、債券、共同基金和指數型基金都是紙資產。由於這些資產讓人無法掌控，因此投資這類資產的投資人根本無法發揮槓桿作用，所獲得的投資報酬也不高，並且反映出本身的低財務ＩＱ。存款利率五％，而且存款利息還要繳稅，然後又讓通貨膨脹幾乎吃掉利息所得，這就是低財務ＩＱ的一個例子。

3. **報酬增加未必表示風險提高**。當理財顧問說，報酬增加就表示風險提高時，如果他們指的是投資紙資產，這樣說就沒錯；如果是指投資所有資產，就有不對了。像經營事業或房地產等資產需要更多財務智能，也讓投資者具備更多控制能力，並且允許以相當低的風險獲得較高的槓桿，較高的財務智能就是低風險的關鍵所在。這就是為什麼，我建議人們不要貪心，從小金額開始做起，要有耐心讓個人財務智能慢慢增加。隨著財務智能的增加，你的財務ＩＱ也提高了，之後再運用財務槓桿，就可能讓投資報酬大增。

4. 大多數理財顧問自己都不是投資者。理財顧問只是推銷員，他們根本沒有做什麼投資，就算有也只是投資紙資產，許多房地產經紀人亦是如此。他們在專業上和財務上，大多沒有發揮槓桿作用。在許多情況下，他們在專業和財務上的槓桿比率是1：1。在專業上的槓桿比率為1：1表示他們只領取薪資，等於是上一天班、領一天錢。身為企業主，我有幾千人替我工作、輔助我。身為投資人，比方說：我在土桑市投資的公寓住宅，就有三百名房客協助我支付這項投資，我每投資一美元，銀行也借我四美元，而且稅務部門也讓我在所得上獲得減稅優惠。這些就是運用不同形式槓桿的實例。

5. 理財教育增加財務智能。大多數人投資像儲蓄、股票、債券、共同基金和指數型基金這類紙資產，因為他們不需要或不想要掌控。他們只想把自己的錢交給投資顧問，指望投資顧問把工作做好，反正眼不見為淨。如果人們想要獲得更多掌控，他們必須控制的第一件事就是理財教育，因為此能增加財務智能，這樣才可能增加財務掌控和槓桿比率。

6. 槓桿是雙面刃。槓桿可以讓你致富也可以讓你變窮。因此，要運用槓桿必須具備財務智能和財務掌控才行。以股票為例，交易員就可以運用股票選擇權這種槓桿。如果交易員認為股市看漲，就可能使用買權（call option），就是在特定時間內以特定價格購買股票的權利。舉例來說，如果當天股價為十美元，交易員察覺到股價會走揚，就以一美元的價格（權利金）買進買權。如果交易員的看法正確，股價上漲到二十美元，這樣的話交易員等於是用一美元的本金，賺了十美元。如果交易員認為股市看跌，就可以使用賣權（put option）或賣空股票。

換句話說，不管股價上漲或下跌，交易員都有可能賺錢。不過，問題是，交易員無法掌控股票這項資產，只能掌控本身的交易條件。大多數推銷共同基金並建議分散投資的理財顧問會說，股票交易有風險存在，而且對缺乏訓練和經驗者來說正是如此。

學習在股市和房地產市場中進行交易，就是理財教育的一個重要環節。在房地產市場中，頭期款就是所謂的買權，如果你是房地產投機客，房市看跌就可能讓你慘賠。

由於我的房地產投資大多是以租金價格和物產營運成本為依據，所以房市漲跌不會對我有太大的影響。雖然我偶而會炒作房地產，尤其是在有人願意以超高價格跟我買房子時，我當然願意脫手獲利；但是，我通常寧可買下物業來收租金和帶來其他收入，然後再買下其他物業並長期持有。

7. 當大多數理財顧問建議分散投資時，他們自己卻沒有這樣做。理財顧問建議的分散投資，其實根本就不是分散投資。其原因有二，第一是，理財顧問只投資單一類別的資產：紙資產。股市在二〇〇七年八月九日與八月十日崩盤就透露出，這種分散投資無法保護紙資產的價值。第二個原因是，共同基金已經是一項分散投資，是把績優股和評等差的股票混在一起。當你購買幾支共同基金時，就好像服用幾顆綜合維他命一樣，這樣做不會讓你更健康，只是讓你排尿量增加。

專業投資人不會分散投資。如同巴菲特所言：「分散投資是為了避免因為無知而受到波及。知道自己在做什麼的人就不需要分散投資。」

富爸爸會說：「你正在避免自己因為誰的無知受到波及，是你的無知、是理財顧問的無知，或是你跟理財顧問的無知？」

與其分散投資，專業投資人寧可做二件事。第一件事是只專注於重大投資，這樣做既可省錢又能增加報酬。第二件事是避險，避險的另一個說法就是保險。舉例來說，我投資三百個單位的公寓住宅，因為我向銀行貸款，所以銀行要求我對這項物業購買各式各樣的保險。萬一發生火災，可以獲得保險理賠讓我支付貸款並進行重建。而且最棒的是，保險費用是從租金收入來支付。

我不喜歡共同基金的二大主因是，銀行不會借錢讓我買共同基金，而且保險公司沒有賣投資保險，所以，萬一股市崩盤引發所有市場跟著走跌，造成災難性的損失，也無法申請理賠。

向更多槓桿、更高的報酬和更低的風險邁進

要運用更複雜的槓桿、獲得更高的報酬卻承受更低的風險，關鍵就在於專注，而非分散。專注需要更多的財務智能，而財務智能是從知道自己為什麼投資開始。在金錢世界裡，投資人是為了兩樣東西而投資：資本利得和現金流。

1. 資本利得。許多人認為投資很冒險的另一項原因是，他們為資本利得而投資。在大多數情況下，為資本利得而投資等同於賭博或投機。當有人說：「我買進這支股票、共同基金或某件房地產時，」此人就是為資本利得而投資，希望其所投資的資產在價格上有所增加。舉例來說，如果我以一千七百萬美元買下公寓住宅，希望能以二千五百萬美元的價格賣出，那麼我就是為了資本利得而投資。很多人都知道，在某些國家，為資本利得

而投資就表示要繳多一點稅。

2.現金流。為現金流而投資的風險較低，因為這樣做只是為了收入而投資。如果我把錢存在銀行，獲得五%的利息收入，我就是為現金流而投資。雖然利息是低風險，但儲蓄的問題在於報酬低、稅率高，而且美元的價值持續下跌。當我購買三百單位的公寓住宅時，我就是為現金流而投資，差別在於，我運用銀行的錢獲得較高的投資報酬，也少繳一點稅。這就是妥善運用財務槓桿的一例。

你為什麼投資？

大多數理財顧問建議年輕人投資成長型基金，為成長而投資就是為資本利得而投資。理財顧問建議年長的投資人將本身的成長型基金轉換為收益型基金或年金，換句話說，當你年紀愈來愈大時，就要為現金流而投資。理財顧問相信為現金流而投資這樣做風險較低，也較穩當。

三種類型的投資人

說到資本利得或現金流，通常投資人可分成三種類型：

1.只為資本利得而投資者。在股票界把這些人稱為交易員，在房地產界把這些人稱為房地產投機客。他們的投資目標通常是買低賣高。當你檢視現金流象限時，交易員和投機客其實就屬於S象限，而非I象限。他們被視為專業交易員，而非投資人。最重要的是，在美國，交易員和投機客要繳納S象限人士的較高稅率，無法像I象限那樣享有減稅優惠。

2.只為現金流而投資者。許多投資人喜歡儲蓄或購買債券，因為這樣做可以獲得穩定的收入。有些投資人喜歡購買地方政府債券，因為這類債券報酬可以免稅。例如，如果投資人購買支付七%利息的地方政府免稅債券，實質投資報酬率（return on investment, ROI）就跟獲得九%的應課稅投資報酬率相當。

在房地產業，許多投資人喜歡實淨租約（triple net leases, NNN），也稱之為全不包租約。投資人利用這種租約獲得收入，而且不必支付稅金費用、維修費用和保險費用，因為這些費用由房客自行支付。從許多方面來看，實淨租約就像地方政府債券一樣，因為有許多收入都可以免稅或延後課稅。

雖然我喜歡實淨租約物產，但是問題在於要找到好物某和願意支付高租金的好房客。在我撰寫這本書時，大多數實淨租約的物產只有五%到六%的報酬，實在不怎麼吸引人。但是，如果我更深入研究，或許我能找到報酬更高的物業，同時運用更多槓桿和銀行資金來降低我的風險，這方面請容後再述。

3.既為資本利得也為現金流而投資者。多年前，以往股市投資人就是為了資本利得和現金流而投資。現在，這類投資人還是會談到股價上漲和股利，但是，那是以往的經濟結構，是舊資本主義。

在新資本主義中，大多數紙資產投資人都想迅速致富，想要大撈一筆。現在，大型投資機構正從學校招募更精明的青年才俊，運用超級電腦和電腦模型的能力找出他們可以利用的市場模式。舉例來說，如果電腦選出一%的差異，好比說是在科技股方面出現的差異，投資機構就會以幾百萬美元為賭注，期望在幾小時內利用這幾百萬美元賺取一%的報酬。這種做法是相當高的槓桿，而且相當冒險。

這些電腦模型也引發股市的許多波動，通常還會造成股市崩盤。當股市宣布停止程式交易時，就表示這些電腦程式被「暫停運作」。如果電腦模型運算結果出現「賣出」，股市就會崩盤。如果電腦模型運算結果出現「買進」，股市就會大漲，然後再崩盤。換句話說，股價可能不是因為基本面或任何事業因素而上漲或下跌。股價可能跟公司價值毫無關係，因為電腦創造出人為的供給與需求。你不妨回想達康時代的情況，當時那些網路企業根本稱不上是公司，只是很棒的構想而已，但卻能讓公司的市值高達幾十億美元，當網路泡沫化時，一些真正有價值的企業股價也跟著慘跌。在資本主義的新時代裡，我這位舊時代的投資人必須夠精明，為資本利得、現金流、債務槓桿和稅務優惠而投資，同時也要避開這些青年才俊和超級電腦在市場中引發的混亂。

比方說：我最近買了一支股票，即使無法掌控那家公司，還是買了股票投資，因為這家公司是工業時代的傳統企業，以往每年都會穩定發放十一％的股利。最近股市崩盤，這支股票的股價也跟著下跌，我是因為股價跌得很低可以買進才投資。所以，我偶而會購買紙資產，但是我傾向於為了現金流而買。身為散戶又無法掌控那家企業，我沒有運用槓桿，只以現金投資，而且事先判斷好如果投資決策有誤，這筆錢就算認賠也沒關係。如果這支股票的股價上漲，我可以把股票賣掉，因為我喜歡為現金流而投資，也為資本利得而投資。如果既可以獲得現金流又能獲得資本利得，投資報酬率就會提高。

要當一位優秀的房地產投資人必須具備下面這三項要素：

1. **有好夥伴**。如同川普所言：「你沒辦法跟差勁的夥伴完成一項好交易。」這並不表示差勁的夥伴是壞人，只不過對你而言，他們是差勁的或不適當的夥伴罷了。我為了讓三百單位公寓住宅這項投資計畫奏效，必須確定有優秀的夥伴才行。我的夥伴就是我老婆金和羅斯，我們一起完成過許多交易，也賺了很多錢。當然，我們也遇過許多問題，並且透過解決問題變得更精明，也成為更優秀的夥伴。

2. 有好的融資。房地產是融資的主要功用。許多人認為投資房地產，地點最重要；我則認為投資房地產，融資最重要。如果你能取得大筆融資，交易就會奏效。如果你無法取得足夠融資，交易就無法奏效。為了說明我的觀點，假設賣方說：「我這棟價值一千七百萬美元的公寓住宅，要三千五百萬美元才賣。」如果賣方讓我在貸款期間只支付利息，每個月只要付一美元、貸款三十年，到最後才支付三千五百萬美元，我會接受這項交易並依照賣方開價付款。在這三十年內，我每個月只要支付一美元，這樣就能以三千五百萬美元買下價值一千七百萬美元的物業。如同金融界人士所言：「如果你答應我的條件，我就按照你要求的價格付錢。」

我知道有些人會認為價值一千七百萬美元的公寓住宅要價三千五百萬美元，根本是一個荒謬的例子，其實不然。在金融界裡，支付超乎常理的價格是很稀鬆平常的事，這通常只跟買賣雙方是誰有關，也跟雙方運用融資實力達成目標的能力有關。

舉例來說，幾年前，我的辦公室附近有一件物業要出售。當我委託房地產經紀人幫我詢價時，他跟我說這間房產要賣二百萬美元，我笑著說他一定是在開玩笑，然後就離開了。當時我以為頂多價值七十五萬美元，現在這塊地被知名連鎖飯店買下，我不知道目前值多少錢，但是肯定超過二百萬美元。就像我的友人麥克洛伊所言：「計畫更完善者就能勝出。」如同川普所言：「大膽想。」每次我開車經過那裡，我就跟自己說：「要更大膽去想。」

3. 有好的管理。我對於在土桑市花一千七百萬美元投資三百單位的公寓住宅如此有信心的原因之一是，我有很好的夥伴。麥克．洛伊有一家物產公司，他的夥伴羅斯擁有一間房地產開發公司。接下來的篇幅中，我會進一步說明物業管理與開發為何是增加租金、降低費用和增加資產價值不可或缺的。如果我的夥伴很差勁，我的融資能力很差，而且我沒有很好的管理，那棟三百單位公寓住宅的交易最後就會變成一場財務災難。如果我是唯一出資者，我不會進行這項投資，因為這個計畫過於龐大又錯綜複雜。

能掌控三項要素：好的夥伴、好的融資和好的管理，讓我願意運用債務作為槓桿。沒有掌控，我就不可能運用債務融資，如果有更高的風險，例如：股票投資或商品投機，我寧可只用自己賠得起的資金去投資。

以更低的風險獲得更高的報酬

接下來，我要說明，我為什麼對三百單位的公寓住宅這項計畫如此有信心？為什麼我願意運用許多槓桿？為什麼我相信這項計畫的風險低？我如何賺更多錢？以及我如何繳更少的稅。我運用了三種更先進的投資策略，要運用這些策略就必須具備更高水準的財務智能。這三項更先進的投資策略是「用別人的錢」、「投資報酬率」和「內部報酬率」。

用別人的錢

你可以利用很多方式來用別人的錢。以我投資三百單位公寓住宅為例，我運用八〇%的槓桿。首先，運用銀行資金的好處是免課稅。其他好處包括：你可以從這些數字發現，這項投資計畫有八〇%的資金由銀行支付，而我卻獲得一〇〇%的好處，銀行真是再好不過的夥伴。

投資報酬率

對許多投資人來說，投資報酬或投資報酬率是一項令人混淆的概念。舉例來說，當

	我	銀行
增值	100%	0%
收入	100%	0%
稅務優惠	100%	0%
分期清償債務	100%	0%

你閱讀財經雜誌時，許多共同基金聲明他們的投資報酬率高達一○%。但我很質疑，那一○%的投資報酬有回饋給投資人嗎？而且他們如何計算出投資報酬率為一○%呢？有些基金是依據基金每單位淨值上漲來計算出一○%的投資報酬率。舉例來說，如果一年前基金每單位淨值為十美元，現在漲到十一美元，就聲稱有一○%的投資報酬率。以這種情況來說，這項投資報酬是以資本利得做評量。

身為既為資本利得也為現金流而投資的投資人，我唯一計算的是現金流的投資報酬。舉例來說，如果我投資十美元，每年稅後我從現金流獲得一美元進帳，那麼我的投資報酬率就是一○%。我並不計算資產增值的報酬，因為那是估計值，要等到我賣出資產後才成為事實。

這樣做的差別在於，有的人用股價計算投資報酬率，而我則是用放進我口袋的錢來計算投資報酬率。事實上，我兩者都要，我希望資產增值一○%，也希望有一○%的現金放進口袋裡。但是，現金流是我持有資產時能被實際評量的唯一報酬。

用自己的錢當作401(k)計畫提撥金

另一項讓人混淆的觀點是，理財顧問聲稱企業幫你提撥退休金。如果提撥金額達到特定百分比，顧問可能會聲稱這是一個具有一〇〇%的投資報酬率的商品，但是我卻不這麼認為。我檢視企業提撥金的方式是，把我的錢拿走更多。換句話說，企業扣留的提撥金與後續提撥金額還是我的錢。不管怎樣，這本來就是企業應該付給我的錢，是我的津貼總額的一部分，是公司的一項費用。

當我談到利用槓桿獲取報酬時，我指的是用別人的錢，而不是用我自己的錢。

更多槓桿、更高報酬

槓桿之所以如此重要的原因是，槓桿倍數愈高，報酬就愈高。舉例來說，如果我用自己的錢買下價值十萬美元的出租公寓，每年獲得一萬美元的淨收入，我的現金投資報酬率就是一〇%。如果我借五萬美元進行同樣的投資，而且還能夠獲得一萬美元的報酬，那麼我的現金投資報酬率就是二〇%。如果我融資十萬美元進行這項交易，還是獲得一萬美元的報酬，則報酬就無限大，意即我做的是無本生意。十萬美元的現金流入我的口袋，而我一毛錢也不必出，房客幫我支付費用，我則坐享收入。

無本生意

在我的下一個例子中，我還是以三百單位公寓住宅為例，我會說明我如何藉由運用槓桿獲得無限的報酬。我是透過提高租金並在這三百個單位裡各增加洗衣機和乾衣機，來完成這個目標。以下我用相當簡單的方法說明其中的數字運作：

損益表

收入 租金增加50美元 租金增加50美元因為安裝洗衣機和乾衣機
支出 每月10美元支付洗衣機與乾衣機的維護費用

資產負債表

資產	負債
	因為購買洗衣機與乾衣機，以及公寓修繕，費用1,000美元

每月租金增加一百美元，是因為調高租金到市場的行情價格，以及整修內部並安裝洗衣機與乾衣機。

每月增加一百美元的收入，是一〇〇%的融資交易。我們從銀行獲得額外資金進行這項修繕，我們對之加以控制。就技術面來說，收入增加一百美元其實是無限報酬，因為所有費用都是由銀行支付，而所有報酬都歸我。

每月增加一百美元收入，乘上三百單位後，就等於每月增加三萬美元的收入，加總起來，我們已經取得每年最多三十六萬美元的現金流。這三十六萬美元就是無限報酬，是由手頭的現金流去計算，不是以文件上某些虛構的資本利得去計算。

總之，銀行為修繕工程支付一〇〇%的金額，讓我們增加收入，而費用和房貸則由房客支付。

內部報酬率

內部報酬率是更錯綜複雜、通常也更讓人不解的投資報酬率計算法。如果投資人真的知道自己在做什麼，他們就可以藉由瞭解內部報酬率來增加自己的投資報酬率。下圖是以最簡單的方式說明這個評量投資者實際報酬的更先進做法。

以非常簡單的用語來說，內部報酬率評量一項妥善控制投資所能提供的其他報酬與其他槓桿，如下圖。

1. **收入欄位：被動收入**。大多數人都知道，租金總額是收入欄位的一部分。不過，內部報酬率也評量其他形式的收入。被動收入比薪資收入更可能降低稅率。在美國，被動收入不會被課徵社會福利稅或自雇稅。換句話說，這些稅不會以支出的項目出現在欄位上，所以就技術上來說，就等於增加收入。

2. **支出欄位：折舊**。在美國，稅務部門給予某些投資人額外收入，但是這項收入其實看起來像費用。這

損益表

收入 　被動收入
支出 　折舊

資產負債表

資產 　增值	負債 　分期攤還

項收入就是所謂的折舊，折舊的另一種說法是「虛幻收入」（phantom income），這樣說是因為這項收入出現在其他地方。舉例來說，假如我要繳稅一千美元，國稅局允許我將投資折舊二百美元，讓我只要支付八百美元的稅款就好。這額外的二百美元就是虛幻收入，或是我無須支付的金額。這二百美元還在我的口袋裡，並沒有交給政府。依據美國稅法規定，像冰箱、風扇、地毯、傢俱和其他會隨著時間減少價值的項目都可以折舊。如果你擁有事業或房地產，稅務會計可以跟你說明此事。但是，紙資產投資人就無法運用折舊這項優惠。

3. 負債欄位：分期攤還。對投資人來說，分期攤還是另一種收入形式，說好聽一點，分期攤還就是依照預定時間清償債務。當你擁有好債時，由別人（例如：房客）幫你付款，分期攤還就變成你的收入。換句話說，當房客幫我支付債務，就技術上來說，這項債務就變成我的收入，這項收入用來減少我的債務，同時讓我自己可以保留現金，靜待投資機會的出現。另外，雖然我的房客幫我支付債務，我還是能獲得跟個人投資相關的所有稅務優惠。

4. 資產欄位：增值。增值就是資產價值的增加，對你來說，這也是收入。增值不是以某些評價者對於該區相對銷售的售價增額為依據。我評量增值的方式是藉由個人所得欄位的實際增加金額而定。舉例來說，我從三百單位公寓住宅讓我的收入增加三十六萬美元，這個部分就可加以評量。

這並不是定義內部報酬率的實際方式，卻能讓你瞭解投資人如何讓個人投資報酬，遠超過大多數投資人能從紙資產所獲得的投資報酬。現在，你至少知道內部報酬率是什麼。據我推測，有九五％的投資人從來沒有聽過內部報酬率。所以，你現在已經比九五％的投資人更精明了。

退場策略

以我投資三百單位公寓住宅為例，擬妥退場策略的好處是運用槓桿讓自己更富有。與其賣掉這件物產，獲取可觀的資本利得卻要面臨課稅，我們寧可藉由重新融資撤出資金。我們能夠這樣做，是因為我們已經透過修繕和管理，增加這件物業的價值。銀行承認這項資產增值，所以我們可以依此貸款。藉由運用物業價值發揮槓桿作用，不但不必自己出資，還得以免稅並且讓營運有所改善，也能透過更高的收入來支付更高金額的房貸。藉由借款而非出售資產，我們可以拿回頭期款還能免稅，而且還能繼續保有這項資產。這樣看來，我們從這項資產中獲得無限報酬，因為我們在這項交易中並沒有花錢投資，卻還有收入可拿。這就是槓桿的極致表現。

假設五年後，我們可以重新融資取得四百萬美元，還得以免稅，情況就如下圖所示。

我們重新融資取得的四百萬美元，就還給投資人並支付當初投資的資金。更棒的是，我們還能維持對於三百單位公寓住宅的掌控，而且增加的二十八萬美元房貸金額就由每年增加的三十六萬美元收入來支付。

我們每年在租金收入上增加三十六萬美元，扣除在利息費用上增加的二十八萬美元，最後還有八萬美元淨值的被動收入。這筆金額

損益表

收入
增加360,000美元 4,000,000美元免稅
支出
額外增加280,000美元的利息費用，利率為7%

資產負債表

資產	負債
公寓住宅	4,000,000美元的債務

就是無限報酬，因為投資人已經拿回當初的投資金額，卻還能獲得現金流，而且還免稅。投資人拿回四百萬美元，就可以繼續購買另一棟公寓住宅。

這就是運用控制和槓桿的一個例子，也是依據新資本主義法則致富的例子，因為新資本主義就是以運用債務致富為基礎。我們不該像那些依照舊資本主義法則努力工作還清債務的人那樣，我們反而要努力想辦法取得更多的好債並運用更多槓桿。

白手起家

對某些人來說，價值一千七百萬美元的三百單位公寓住宅聽起來是一項重大投資；對某些人來說，這項投資卻不算什麼。十年前，對金跟我來說，買下三百單位的公寓住宅似乎是一項重大投資。從今而後的十年，我相信這項投資對我們來說並不算什麼。金、麥克洛伊和我正打算進行更大的計畫。川普跟我正在檢視我家附近的一項龐大專案，這項專案會在十年內開工。

接下來，以一千七百萬美元投資三百單位公寓住宅這個專案的規模和金額，來說明三個重點。

1. 出生貧寒和缺乏理財教育並不代表你無法致富。天生有錢足以購買一千七百萬美元公寓住宅的人寥寥無幾，而且沒有人天生就夠聰明能靠一己之力取得三百單位的公寓住宅，並進行融資且妥善管理這項資產。換句話說，沒有錢或缺乏理財教育並不是你無法邁向致富之路的藉口。然而，有數十億人卻讓沒有錢或缺乏足夠理財教育這個問題，阻礙他們致富。他們無法踏出第一步，即便他們踏出了第一步，卻在這時候跌倒了、犯錯了，虧錢了或碰到問題了，許多人就會因此放棄。這就是為什麼對幾十億人來說，一千七百萬美元的專案看起來總像一個重大專案，遠超過他們的夢想所及。

2. 白手起家、循序漸進。一九八九年時，金開始投資房地產，她在奧勒岡州波特蘭市買下一間要價四萬五千美元的二房一衛住宅。她付了五千美元的頭期款，之後每個月以房租賺二十五美元。當她開始踏出第一步時，她很緊張。現在，一千七百萬美元的公寓住宅已經吸引不了她，因為她準備好要進行更大規模的專案。

一九九七年時，麥克洛伊開始投資房地產，他在亞利桑那州史柯茲戴爾市買了一間十一萬五千美元的二房二衛公寓，支付二萬三千美元的頭期款，然後每個月以房租獲利五十美元。現在，他掌控的房地產投資組合價值數億美元。

我在一九七三年開始投資房地產，當時我沒有多餘的錢做投資，我還在海軍陸戰隊服役，才剛買下自己的第一間房子。當時，我並沒有讓低薪和沒有錢投資阻礙我，還花三百八十五美元參加房地產投資課程。幾個月內，我就開始投資房地產，在毛伊島買下第一個投資物件，那一間一萬八千美元的小套房。當時，那間小套房是法拍屋，銀行急於脫手，所以讓我刷卡支付二千美元的頭期款。我扣除房貸和信用卡費後，每個月還能從這間出租套房獲利三十五美元，這部分是無限報酬，因為我當初是做無本生意，以百分之百借款方式進行這項投資。當我向銀行證明我能妥善管理這項資產後，所以銀行借我更多錢讓我買下更多出租套房，我的投資事業也就此展開。

大概一年後，我賣掉這三間套房，每間套房賣價為四萬八千美元，淨賺九萬美元。我花三百八十五美元參加房地產投資研討會，並且以信用卡支付頭期款，能有這樣的投資報酬實在很不錯。

即使當時我這樣做，但我並不建議人們以信用卡支付頭期款。不過，我倒是建議大家在進行投資之前，多看看書也多參加研討會。富爸爸公司之所以舉辦密集的投資研討會，就是因為我深信人類的心智擁有無窮的力量，因為心智就是最重要的槓桿形式。

富爸爸公司舉辦的研討會都會邀請相當優秀的講師，我必須承認他們是比我更優秀的老師。他們比我更專注於教學，課程內容十分周全，而且他們訓練有素，致力於讓學員獲致成功；更重要的是，他們依據自己的實務經驗來教導學員。大多數學員跟我們表示，富爸爸公司舉辦的課程讓他們大開眼界，使之欣然接受嶄新的世界與機會，並利用各種不同方式追求財務自由，也讓他們的人生從此改觀。有關這方面的資訊，歡迎你到我們的網站Richard.com查詢。

3. **大膽想**。我們大都知道必須讓孩子有夢想，大人也一樣。金跟我都有遠大的夢想，我們的婚姻生活更多采多姿、更充滿活力與樂趣。進行規模愈大的投資專案，讓我們一起學習，像團隊般運作也一起成長，而不是彼此漸行漸遠。我們不但沒有縮衣節食，反而大膽想，熱中學習並審慎投資，為的就是要過好日子。這樣做不僅跟金錢有關，也跟生活有關。就個人來說，金跟我都認為縮衣節食、量入為出實在是太悲慘了。

結論

二〇〇七年八月九日與八月十日，當全球股市崩盤之際，許多人不知道股市崩盤會引起怎樣的後果。大多數人都不知道股市崩盤會對他們的生活有何影響，也不知道金錢法則早在一九七一年和一九七四年就已經改變了，自此讓人們的生活受到影響。

現在，就連在美國這個世界上最富有國家，數百萬名努力工作的知識份子即使領取更多的薪資，實際上卻賺更少錢，他們存的錢正失去價值，他們的自有住宅價值也日漸下滑，他們還用信用卡循環信用。

更糟的是，因為股市崩盤，數百萬名努力工作的知識份子認為投資很冒險，要獲得更高的投資報酬就要承擔更高的風險。只有極少數人明白，要運用槓桿的關鍵就在於控制，而掌控關鍵就取決於財務智能。

幸好，當你具備更多財務智能時，你不需要花錢就能賺更多錢。在這個新資本主義的世界裡，確實有可能因為做無本生意而賺錢，因為資訊時代中，知識就是最大的槓桿，你不花錢就能賺更多錢，你的投資報酬率和內部報酬率就愈高，也表示你的財務ＩＱ愈高。

既然財務ＩＱ是評量財務智能的數值單位，這表示無限報酬就是無限財務ＩＱ。所以，下次銀行跟你說存款利息五%很不錯，或者理財顧問告訴你共同基金投資報酬率一○%很高時，你就知道他們在說謊，因為無限報酬才是最高的投資報酬率。

Chapter 7

財務IQ #5
善用理財資訊

一九七二年一月，我從加州潘德頓軍營（Camp Pendleton）被調往越南沿岸的運輸機航空母艦。那是我第二次造訪越南，還記得第一次去越南是在一九六六年，那時海軍商事學校派學生上船實習一年。當時我進行的計畫是研究戰區的軍用貨運作業，尤其是如何在不讓我方有傷亡的情況下，安全地載卸炸彈。我第二次造訪越南時已經是戰機飛行員，跟當學生時初次造訪的經驗截然不同。

當時，我在航空母艦上的職責是擔任武裝直升機飛行員，首要任務是護送體型較大的軍隊直升機。我們的飛行中隊主要是由運輸軍隊的直升機所組成，也就是雙旋翼CH-46和CH-56直升機，又名「快樂綠巨人」（Jolly Green Giant）的長程搜救直升機。如果戰區都是敵軍部隊，那麼武裝直升機的職責就是在戰區護送運輸直升機。就我個人而言，我很樂意擔任武裝直升機飛行員，這比擔任運輸直升機要好得多。運輸直升機飛行員必須很勇敢，他們要駕駛大型直升機進入戰區，載送軍隊進出戰區。

最高機密的工作

我的次要工作是擔任飛行中隊最高機密情報官的助理，這份工作有趣極了。我們一連幾個小時坐著、傾聽、觀察、蒐集並處理最高機密情報，並且固定在日間和夜間將我們所獲得的情報向指揮官及其小組簡報。我們的職責是從戰爭中取得原始資料，並將其轉變為相關情報。

攸關生死的情報

身為情報官，讓我從此相當重視情報（資訊），在到越南以前，我從未想過這個主題。在學校時，我以為修讀情報學根本是一個玩笑。對我來說，情報只是資料，是不必注意的事實和數據，是為了通過考試而要死背的日期和時間的科目。在越南，情報更加重要，因為這可能攸關飛行員弟兄的生死。

現在，我成為一個更優秀的企業家和投資人，我認為這一切就是當時擔任情報官一職給予我的影響。現在，我知道情報在戰爭時會攸關生死，在商場中則會造成富裕或貧困的差別。

比性命更重要的情報

在準備前往越南之前，我們必須先接受訓練處理無以計數的情報，並且能夠在極大壓力下瞬間做出決定。如果我們精通情報處理，就得以活命；如果我們無法好好地處理情報，就可能因此喪命。一旦我認清我和弟兄們的性命就仰賴我所接到的情報品質時，情報就變得比我自己的性命更加重要。

我在之前著作中提過，我第一天到越南時就處於戰火之中。當時的狀況相當恐懼不安，我也明白對我開槍的人跟我一樣都想平安歸營。在那本書裡，我說到我謹記飛行中隊隊長對我告誡，在戰爭時，不是你死、就是我亡，尤其是看著真正的子彈迎面而來，我明白學生時代已正式結束。當我們飛向死亡之際，要憑藉著幾年的訓練和情報處理，做出一個決定、一項行動。幸好，我和飛行弟兄們當晚平安回營，可悲的是，當天越南的地面部隊都被我們殲滅；這就是戰爭，只能贏，不能輸。

最重要的資產

我有一位友人是研究聖經的學者，他常說：「沒有知識，人類就會滅亡。」現在，許多人正因為缺乏理財知識而受。我們生活在資訊時代，即使在偏遠地區，我也看過年輕人一邊騎著家裡的驢車，一邊使用手機發簡訊。整個世界已經緊密地相連，不論你身在何處，都能迅速地跟各地的人們聯繫。

資訊是這個時代唯一且最重要的資產。在以往的時代裡，擁有工廠、牧場、金礦、油井或摩天大樓就能致富。在資訊時代裡，光靠資訊就能讓你致富，你不需要土地、黃金或石油這類實質資源，此點從創辦MySpace和YouTube的年輕企業家就能窺知一二。這些二十幾歲的年輕小夥子只以少數資金和一些資訊並善加利用科技，就成為身價數十億美元的富豪。

同樣地，不完整或錯誤的資訊就是一項不利因素。不完整的資訊是讓人陷入貧困的，現在有這麼多人為錢所困的原因之一就是，他們用了已經過時、有偏差、造成誤導或錯誤的資訊，來驅動個人最重要的資產——大腦。許多正為錢所困者就這樣做，因為他們在資訊時代裡還拿工業時代或農業時代的資訊來用。舉例來說，「我需要接受良好教育以獲得高薪工作」就是工業時代資訊的想法，而「土地為所有財富的基礎」正是農業時代資訊的例子。

人類史的四個時代

以人類史來看，可依照經濟結構區分為四個時代：

1. **狩獵時代**。在這個時期，大自然提供財富。人們循著動物的足跡狩獵覓食，精通狩獵者就得以生存，不懂得就會喪命。部落是狩獵時代的社會保障，就其社會經濟來說，每一個人都是平等的。部落酋長的生活水準跟部落裡的其他人一樣，只不過他可以先享用食物也能有好幾個老婆；但是基本上，在那個時代裡，火就是火，洞穴就是洞穴。以金錢的觀點來說，當時人們只有一個階級，大家都是窮人。

2.農業時代。一旦人們學會如何播種和馴養動物，土地就成為財富。國王與王后擁有土地，其他人則在土地上耕作並繳納稅金給王室。這就是為什麼當時「房地產」稱為「皇家不動產」的原因。隨著馴養動物的出現，王室可以騎馬，佃農則要走路。這就是為什麼「佃農」（peasant）這個字的許多衍生字都跟土地及徒步有關。佃農什麼都沒有，一切都歸王室所有。就社會經濟來說，在農業時代有二種人：富人和佃農。

3.工業時代。一四九二年時，探險家哥倫布（Christopher Columbus）和其他探險家開始尋找貿易途徑、土地和資源。對我而言，這才是工業時代真正揭開序幕的時候。在工業時代，像石油、銅、錫和橡膠等資源就是財富。而且，在這個時代，房地產的價值改變了。在農業時代，土地必須肥沃、能夠栽種作物或飼養動物，而在工業時代，非農地變得更值錢。舉例來說，亨利．福特（Henry Ford）在底特律建廠，就是因為可以用較低的價錢買下一大片崎嶇又不肥沃的非農地，如今，工業用地比農地更有價值。以社會經濟來說，中產階級這個新階級出現了。所以在工業時代有三種人：富人、中產階級和窮人。

4. 資訊時代。這個時代隨著數位電腦的出現而正式展開。在資訊時代，由科技充分利用的資訊就是財富，而且像矽這種並不昂貴且蘊藏豐沛的資源就能產生財富。換句話說，致富的代價已經下降。這是有史以來，不管住在哪裡，每個人都得以獲得財富、而且可以獲得數不盡財富的時代。就社會經濟來說，資訊時代有四種人：窮人、中產階級、富人和鉅富。微軟公司（Microsoft）創辦人比爾．蓋茲（Bill Gates）就是資訊時代鉅富的象徵。

鉅富

現在，鉅富可以從任何時代得到財富，他們可能是像紐西蘭毛利人那樣以釣魚權成為鉅富狩獵者，也可能是農業時代的鉅富牧場的主人或農人，或是工業時代的鉅富車商。同前所述，在資訊時代裡，二十歲的年輕小夥子就可能成為身價數十億美元的鉅富，他們可以利用低價和豐沛的技術資源、資訊和構想成為鉅富。這所有一切的共同關係是，資訊讓資源以前所未有的速度和程度進行協調，鉅富就是在這種協調之所以創造出來的產物。

貧富差距

在此同時，有人卻因為資訊過時或資訊不足而日漸困苦。在所屬林地被奪走時，原始部落也被摧毀。農人破產了，汽車製造商裁員數千人，曾經創造佳績的連鎖唱片行現在因為下載音樂而歇業。

在美國這個世界最富強國家，有數百萬人深陷債務中，緊抓著工作保障這個最後希望，盤算著如何讓子女獲得良好教育並讓自己退休生活無虞。在這個富裕國家，幾百萬人為生活所苦，因為他們繼續以狩獵時代、農業時代或工業時代的構想來運作。

資訊讓鉅富與其他人之間的差異日益懸殊。幸好，在資訊時代裡，資訊不虞匱乏，而且可以免費取得。現在，窮人或年輕人要白手起家成為鉅富，可說是比以往容易得多。要在現今的世界裡致富，你不必是征服者，不必航行到異國奪取當地部落的資源。你不必在股市中籌資數百萬美元打造車廠或雇用幾千名員工。現在，資訊和廉價的電腦就能讓你在家中從窮人變成鉅富，只要你擁有對的資訊就可以美夢成真。

資訊氾濫

在資訊時代裡，資訊多元而且可以免費取得。諷刺的是，資訊太多了，所以人們開始抱怨資訊氾濫。儘管人們在開車時還可以看電視、上網瀏覽、以電話交談，甚至在路旁還有電子看板引人注意，這種情況十分有趣。但是，在以往的時代，沒有人抱怨土地太多或石油太多；不過資訊時代裡，人們卻抱怨資訊過多且氾濫，殊不知資訊正是讓人們成為鉅富的資產。

軍事情報

在越南，我學會重視資訊的力量。我變得相當注意情報的殺傷力，同時也注意情報得以拯救性命的力量。對我而言，運用軍事情報來殺人不再有意義。現在，我比較喜歡運用資訊賦予生命，而非奪取性命。

身為情報官，我也會面臨資訊氾濫的情況。在戰時，我們必須處理的資訊數量多得驚人，必須學會如何將來自四面八方資訊加以歸納、分類、排除和處理，如果沒有這樣做，就可能讓自己或別人命喪黃泉。

分類資訊

要解決資訊氾濫這個問題，軍隊入須投資相當多的心力將資訊加以分類。如果沒有把資訊做好分類，所有資訊就如同垃圾，就沒有價值可言。在越南擔任情報官時讓我學會，依據一套邏輯來分類資訊。

1. 時間。在戰場上和商場上，資訊可能在這一刻是有用的，但到了下一刻就沒用了。戰場上的情況瞬息萬變，商場和投資的情況也一樣。敵軍可能今天在這個地方部署，明天就在百哩之外。在商場上，在今天極為寶貴的經營優勢卻可能在明天就變得一文不值。

2. 可信度。我們必須知道資訊來自何人。資訊來源是否準確可靠？遺憾的是，在金錢世界裡，大多數的人從同事或推銷人員取得財經資訊，但不知這些人也一樣為錢所苦。他們可能是誠實可靠的好人，卻不是財經資訊的可靠準確來源。

3. 類別。我在軍隊裡學會將資訊歸納分類。舉例來說，最高機密只有最高機密許可者才可過目。

在商場和投資市場，最高機密或情報就是所謂的內線消息。投資大眾聽到這個措辭時，就會想到不法資訊，有時候的確是這樣沒錯。當人們從上市公司內部人士獲得消息並將其用於買賣該公司的股票時，這種利用內線消息進行交易的行為就違法。

在現實世界裡，所有資訊都是內線消息。更重要的是，你究竟能得到多少接近核心的內線消息？當人們聽到傳聞某家公司有新產品上市或得知某家公司遇到麻煩時，內部人士和接近內部人士者早就已經利用這項資訊進行交易。熟知內情的人士總是贏家，而投資大眾則總是輸家。

在此特別解釋，我並非鼓勵或寬恕利用內線消息進行不法交易，而是想說明內部消息及取得內部消息的重要性。我喜歡當企業家和房地產投資人的原因之一是，可以合法利用內線消息進行交易。因為我的公司不是上市公司，我可以隨意告訴友人我所知道的事，以及該如何投資。

在股票市場中，投資專家知道散戶們倚靠過時的消息交易，這就是投資專家的賺錢之道，他們就靠坑殺散戶賺錢。舉例來說，散戶一早起床邊喝咖啡邊看報紙，發現自己偏愛的上市公司發佈了一則消息。然後，他打電話給股票營業員或上網下單交易。即使這家公司發布的資訊只有幾小時之久，還是讓散戶處於輸家的地位，因為在這場投資交易中，散戶從來沒有受到邀請，總是最後一個加入。道理很清楚散戶根本不是內部人士，而是門外漢。

富爸爸鼓勵我培養財務智能的主要原因之一是，我可以有管道取得內線消息。**你獲得的消息愈接近核心，你就愈富有**。

4. 相關資訊。每天觀察戰場資訊的改變，讓身為情報官的我們得以解讀以往和現在的資訊，以預測未來的資訊。舉例來說，如果我們知道敵軍星期二在某個地點，星期三在另一個地點，星期四又在另一個地點，我們就可以開始預測敵軍日後的動向以及他們的目標可能為何。換句話說，我們必須知道資訊之間的相關性。在商場和投資界，這種對於以往、現在和未來資訊的收集就是所謂的觀察趨勢。

5. 騙人的資訊。在戰爭時，敵軍通常會試圖以騙人的資訊來矇騙我們，有時也會利用聲東擊西的戰術來騙我們。舉例來說，他們可能遷移大批軍隊和設備，製造一些假象，只為了分散我們的注意力，讓我們無法察覺他們的真正動機和目標。或者是，他們故意讓我們抓到一名士兵，故意洩露錯誤資訊給我們，或是運用間諜滲透到我們內部，提供我們不正確的資訊。

拉高倒貨

商場和投資界充斥著騙人的資訊。企業家和投資人必須隨時警戒防衛，避免受到騙人的資訊所害。舉例來說，有許多次理財專家告訴你該怎麼做，而他們的行為卻剛好相反。他們可能在電視節目上說自己看好哪支股票也正買進這支股票，這種消息會讓其他投資人也跟著進場，讓股價因此上漲。一旦股價上漲，推薦這支股票的理財專家就出脫持股獲取暴利。這就是所謂的拉高倒貨（pump and dump）。

變戲法

另一種騙術就是變戲法（sleight of hand），是依據魔術而命名。當魔術師輕敲自己的帽子時，你的目光就會跟著移動，而沒有注意到他的另一隻手在背後做什麼。

在商場中，消費者通常被同樣的手法矇騙，比方說：某家公司出品的穀類早餐可能號稱：「低脂」。擔心體重增加的消費者可能以為這是適合他們食用的穀類早餐。但是，仔細檢查產品包裝上列印的小字，你會發現這款穀類早餐雖然低脂，糖分含量卻很高。

在投資界，某支共同基金可能打出這樣的廣告：「居所有基金投資報酬之冠」。這項標題沒明說的是，其他基金都不賺錢，而且刊登廣告的這支基金也沒有賺錢，這就好像在說：「我抓到最大條的小魚。」

分類資訊讓你更富有

我在軍中學到一些有關分類資訊的寶貴啟示，這些啟示也可以應用到商場中。

啟示#1：事實與看法的對照。軍事情報的關鍵在於，知道事實與看法有別。這一點也可以應用在財務智能上。有這麼多人認為投資有風險的原因之一就是，他們不瞭解事實與看法有別。我舉幾個例子說明什麼是看法：

- 有人說某支股票看漲時，這是跟一個未來事件有關的看法。
- 有人說某人有百萬美元身價時，這只是一個看法，因為大多數評價都是看法。
- 如果有人說：「他很成功」，這也只是一個看法，因為成功的定義是相對的。

啟示#2：愚蠢的解決方案。當人們以看法，而非事實來作為資訊時，就會出現愚蠢的解決方案。在戰時，這樣做是會讓你喪命的。在商場中，這樣做也很能讓你毀滅，比方說：

問題：「當你知道自己買不起時，為什麼還買下那間房子？」

答案：「因為我的經紀人說，這間房子的後勢看漲，所以我才買的。我認為我可以先把房子買下來住一住，然後再脫手獲利，這樣就可以解決我的金錢問題。」

問題：「你明知道對方是玩弄女人、不務正業的混混，為什麼還嫁給他？」

答案：「嗯，他很可愛啊。我怕會失去他，我不想讓別人從我身邊搶走他。所以，明知道他遊手好閒，還是期待和他生了小孩後，可以改變他。」

問題：「既然你很痛恨你的工作，為什麼那麼多年都不換工作？」

答案：「我以為可以獲得升遷。」

問題：「你為什麼投資共同基金？」

答案：「因為我的主管告訴我這樣做，她說這樣投資準沒錯。」

啟示#3：冒險的行動。戰爭時，如果你無法確認資訊，反而貿然行動，你就可能喪命。冒險的投資人依據看法而投資。遺憾的是，大多數投資人都這樣，因為他們為了資本利得而投資，且投資決定是以有關未來的看法為依據。許多投資人依據股市每年上漲八%到十%的看法為依據而投資共同基金，如果這個看法有誤，他們就得虧錢。

聰明的投資人知道事實與看法的差異。一般說來，為資本利得而投資的人是依據看法進行投資；為現金流而投資的人則是依據事實進行投資。可能的話，聰明的投資人會利用看法和事實，並且為現金流和資本利得進行投資。

如果你目前投資股票、共同基金、房地產或事業，試問自己，你做決策時所用的資訊是以事實或看法為依據。

啟示#4：掌控資產。我想要的一項重要資訊是，我能擁有多少掌控。在前一章財務IQ#4：懂得以錢賺錢，我曾說明在運用槓桿前，最重要的是，投資自己可以掌控之物。如果我無法掌控，也就無法運用太多槓桿。我藉由掌控房租，來掌控我的資產價值。我的資產價值不是依據市場鑑價而定，那種估價有九九％是看法，而不是事實。

銀行家經常要求房貸者繳交大筆金額的頭期款，因為他們不信任房地產的市場鑑價。當然，這項做法在信用變得廉價時就無效了。在信用寬鬆、借貸變得容易的情況下，當傻子們一窩蜂湧入市場時，房價趁勢飆高；當房價上漲，房地產鑑價也跟著上漲；隨著鑑價上漲，自有住宅者因為自宅房價上漲，就以為自己有錢了。許多人依據新的鑑價申請房貸，購買新車和渡假屋、搭乘遊輪旅遊並盡情購物。後來，當房市泡沫化，次貸信貸問題浮現，整個問題開始產生連動，引發全球金融海嘯。

這就是依據看法（資本利得），而非事實（現金流）為評價基礎的問題所在。這種情況不僅出現在房地產業，也出現在所有資產類別產業。這就是為什麼在取得財務資訊時，我必須知道這項資訊是以事實或是以看法為依據。當看法被誤認為事實時，就會引發瘋狂的財務行徑。

傻子湧入

下次，當你要做出投資決定時，你可以哼哼這二首歌：強尼・莫瑟（Johnny Mercer）和魯柏・布隆（Rube Bloom）創作的《傻子湧入》（Fools Rush In），以及由唐・史利茲（Don Schlitz）創作並由肯尼・羅傑斯（Kenny Rogers）所唱的《賭徒》（The Gambler）。在《賭徒》這首歌中，我最喜歡的歌詞是「當你坐在賭桌旁，千萬別算錢。」當有人說：「我的身價有……」或「我的住宅價值……」，我知道我正在跟一位賭徒交談，因為他正坐在賭桌旁計算自己有多錢。富爸爸說：「坐在賭桌旁別算錢，因為只要你還坐在那裡，你的錢就不屬於你。當你起身離開時，口袋裡的錢才是你的錢，這時候才該算錢。」

現在，幾百萬名有退休帳戶的工作者正坐在賭桌旁算錢。由於大多數投資人投資紙資產，而且大家都是為了資本利得而投資，所以他們大多無法掌控本身的投資標的，還指望著看法變成事實，並以此為投資依據。

這並不表示精明的投資人只依據事實進行投資。事實上，精明的投資人既依據看法，也依據事實進行投資。精明的投資人知道，事實和看法都可能是寶貴的資訊。簡單講，「事實經過具體證明確認；看法不一定是以事實為依據。」換句話說，看法可能是事實，但是在經過確認前依舊是看法。如同我的好友和事業夥伴麥克洛伊所言：「信任，但要確認。」

啟示#5：規則是什麼？規定和法則都是重要的資訊類型。許多人陷入困境，只因為他們不懂規則、忽略規則或違反規則。

就我個人而言，我從來就不喜歡規定。在越南時，我更不喜歡規定。我最痛恨的事情之一是，依據一套規則作戰，而敵軍依照另一套規則作戰。我在戰時發現一個很離譜的規定，即是我們不能跨越邊境追逐敵軍，所以敵軍可以在接近邊境一帶開火，然後逃離邊境以求安全。有好多次，我們因為越共退回寮國而必須突然停止交戰。

我不喜歡的另一項規定是，我必須穿著制服，但是敵軍卻不必穿制服。作戰時最艱困的事情之一就是，無法取得資訊得知誰是敵軍、誰不是敵軍。或許制服就能提供這項資訊。

規則增加資產價值

富爸爸改變了我對規則的態度，他說：「如果沒有規則，就沒有資產可言。」他更進一步地解釋：「在違反規則的地區，犯罪率高，房價卻不同。」他還說：「如果你進行運動比賽，又沒有裁判在場執行規則，比賽最後會陷入混亂。如果你在高速公路上行駛，警察不取締超速就可能會鬧出人命。這就是規則很重要的原因所在。」

規則可以讓人變得很有錢或很窮。不久前，安隆公司（Enron）主管們違反規則，這家公司最後宣告破產，員工丟掉工作飯碗，投資人也虧大錢。在投資界，不同資產有不同的規則，我不喜歡共同基金的一個原因是，它的規則，因為我根本毫無掌控可言。我比較喜歡房地產的規則，它讓我可以賺更多錢又能合法地少繳一點稅。如果我把房地產的規則應用到共同基金，我就會因違法而入獄。

對於想要致富的人來說，找到好會計師和好律師很重要。現在，法令規章多到個人不可能知道或全都搞懂。雖然雇用律師或會計師似乎要花很多錢，不過你可以因此減輕痛苦，也能因此賺大錢，相較之下這筆支出還是很值得花的。

請你記住以下事情：**瞭解提供有關金錢遊戲如何進行的資訊來源。因為沒有規定，資**

產價值就會下跌。

啟示#6：趨勢。當投資人從一組事實獲得資訊，然後形成一項看法時，趨勢就此發展。

讓我告訴你一個對我人生有重大影響的故事。

一九七二年下半年，北越軍隊跨越停戰區進攻西貢（也就是現在的胡志明市）。當時，停戰區以南的第一座重要城市是廣治。我們知道，如果我們無法在那裡阻擋北越軍隊，這場戰爭就輸了。

當我們在廣治開始失利時，我發現一些不同的訊息。其中有一項資訊是，南越民眾用當地貨幣（piaster）交換金箔，這項不引人注意的消息讓我很有興趣。

如同這本書中從頭至尾一再重述，美元從一九七一年起就變成貨幣，不再是實質金錢。一九七三年時，我人在越南，透過取得南越人民一片恐慌的相關資訊，直接觀察到這項金錢法則的改變。他們知道美國即將在越戰中戰敗，南越將被北越統治。

一九七一年時，金價每盎司三十五美元。一九七三年時，我發現金價每盎司上漲到八十美元以上。當北越軍隊開始往南方前進時，整個不安情勢已瀕臨恐慌。支持美國的富人做好逃亡的打算，他們拋售越南盾或美元，盡可能買進並持有黃金。我接獲的一項情報這樣說：「南越勢必戰敗，大家準備逃亡，以美元和越南盾交換黃金。」

坐在最高機密室裡，我明白大家都想要黃金，並假設他們知道黃金就是他們逃亡他國的盤纏也可以拯救他們的性命。

我知道這些事實，美軍即將打輸越戰，敵軍正步步逼近。就國際情勢來說，美元幣值日漸下跌，而金價日益上漲。我從情報中得知，南越人民正面臨恐慌，拋售越南盾以換取黃金。對我來說，這個趨勢正是一個投資機會，我也利用它來做出一個看法。

幾天後，我跟一名友人搭機飛往北越，就在敵軍陣營後方希望買到一些黃金。我們的看法是，北越的黃金礦工會急著想把黃金賣給我們，因為北越軍隊剛侵略過他們的村落。我們的看法是，礦工們會藉此機會以黃金換取美元，所以我們有機會用低價買進黃金。因為我們的看法是以一些事實為依據，所以我們願意違反一些規則，冒著生命危險只為了賺一點錢。

我們在北越的地盤不但沒有殺人，反而還差一點被殺了。雖然沒有以低價買到黃金，倒是讓我學到一項跟黃金和貨幣有關的寶貴教訓。那天，我發現其實黃金的價格在世界各地都一樣。當天金價每盎司約為八十二美元。我發現不管是在美國領土或在北越領土購買黃金，價格都是一樣的。

我在敵軍陣營後方，指望能夠以較低的價格買進黃金，這就是做蠢事讓自己學聰明的絕佳案例。我站在用竹子搭起棚架的金礦銷售據點前，學習國際金融實務，我跟嚼檳榔滿口紅牙的老婦人講價。雖然我沒有問，但我打從心裡認為，這名老婦人如有機會接受正式教育，她根本就有哈佛大學畢業生的資質。不過，她倒是一位很棒的老師。即使她似乎沒受過什麼教育，穿著打扮也不像成功人士，但是談到金價和黃金的價值，她卻很在行。她具備財務智能又很難纏。她不會讓二名美國年輕飛行員的花言巧語唬住，所以她沒有以黃金交換幣值迅速下滑的美元。

到現在，我還清楚地記得當時我站在她的面前，跟她殺價五美元的情景。我願意以每盎司七十七美元的價格購買，而不是市價八十二美元購買。她沒有跟我們講價錢，只是搖搖頭繼續嚼檳榔。她知道價格，她知道當地和全球各地的經濟情勢。她消息很靈通，也很注意時勢，她很酷，一點也不急著把黃金賣掉。她知道趨勢是站在她這一邊，不是站在我們這一邊，而且有很多人想跟她買黃金，她不必為了蠅頭小利以低價把黃金賣給我們這二位飛行員。

當我知道她不可能改變意見時，我悄悄地跟自己說：「我完了。今天我可能就沒命了，我竟然為了殺價五美元就到敵軍陣營後方。沒有人知道我在這裡，而且我們根本沒有奉命採取行動。我們會蒙羞而死，只為了以低價購買國際商品而身亡。我會因為自己貪小便宜和愚蠢而喪命。如果我再繼續站在這裡跟這名婦人殺價，敵軍會從後面射殺我。我實在太笨了，死了也活該。」

趨勢就是你的朋友

就在那一天，我學到了三個教訓。第一個教訓是：全球市場的力量。全球市場指的是價格在全球各地都一樣。黃金是以國際市場定價為依據，。房地產價格則是以當地市場行情為依據。那位老婦人贏了，因為她從全球市場和當地市場取得資訊。她贏了，因為她的消息更靈通，也有更高的財務智能。

現在，我瞭解無論身在何處，什麼資訊才是重要的。現在，我熱愛房地產，因為這項資產比較仰賴當地資訊、而非全球資訊。利用房地產，我可能在自己所屬的小小地區裡成為專家。利用當地資訊，我可以比在紐約、倫敦、香港或東京的大型機構投資人還更精明。就像希臘神話裡的牧羊人大衛殺死大力士葛利亞一樣，擁有優異資訊與智能的投資散戶也可以打敗大巨人。

那一天我學到的第二個教訓是：趨勢的力量。如果我更瞭解趨勢和金價，我不必冒險到敵軍陣營後方就能賺很多錢。我根本不必到敵軍陣營去投資，也不必殺價，只要跟著趨勢投資就行，可以到世界各地任何城鎮的銀樓以同樣的價格購買黃金。到一九七九年時，這股趨勢已經讓金價拉抬到每盎司將近八百美元。我不必冒生命危險，如果我相信趨勢，我早就賺大錢，根本也不必殺價買進，甚至天真的以為這樣可以賺到錢。

那天我學到的第三個教訓，同時也是最重要的教訓是：資訊只是資訊。智能是將資訊變賦予價值的能力。那位有著血盆大口的老婦人跟我擁有同樣的訊息。不過，她的智能讓她瞭解資訊，將資訊轉變成有用之物，而我卻無法這麼做。她是經驗老到的玩家，熟知遊戲規則，而我卻是菜鳥，是這個古老遊戲中的新手。

二〇〇七年八月九日股市崩盤時，人們陷入恐慌。這種情況讓我想到那名老婦人，所以我做的第一件事是確認趨勢。我沒有跟大家一樣陷入恐慌，只是小心地檢視情勢，重新專注於市場趨勢，而不是跟著市場起落而分心，我靜下心來重新確認事實，並且依據事實做出對未來的看法。

我開始注意央行採取行動的相關資訊。這次，他們又印更多鈔票來應急，而不是去解決問題。當我得知這些事實，知道各國央銀行挹注更多現金，來挽救股市時，我知道我的看法是對的，美元購買力將持續走跌。

現在，我不但沒有分散投資，反而專注在一些小資產上，聚焦於一個趨勢，然後利用這個趨勢進行投資。由於我知道趨勢可能逆轉及改變方向，所以我不會盲目地長期投資。資訊時代說穿了就是跟改變有關，我必須要隨機應變，不可以像機器人一樣。

現在，我投資的一些趨勢如下：

1. **石油趨勢**。如你所知，當中國、印度和東歐國家日漸西化，石油的需求就日漸增加。即使大家一窩蜂地尋求替代能源，石油仍舊是未來幾年的主要能源來源。雖然我不喜歡石油對環境造成污染，但是殘酷的事實告訴我，我們都使用石油，即使致力於環保的環保人士也是一樣。我相信以長期趨勢來看，石油價格還是看漲，在不久的將來可能會漲到每桶二百美元。高油價將會對世界經濟產生嚴重的影響，最後引發其他值得注意的趨勢，例如：太陽能。

2. **白銀趨勢**。我相信白銀是近幾年的最佳投資標的。我相信白銀是比石油更好的投資，之所以這樣說是基於二個原因。第一個原因是，白銀是消費性工業金屬，換句話說，這種金屬有可能用盡。白銀是生產電子用品會用到的金屬，用於電腦、手機電池、電視機和其他科技產品等。據估計，九五%的白銀蘊藏量已經殆盡，白銀正成為稀有金屬。黃金則不然，據估計，目前發現的黃金蘊藏量有九五%還未被使用。所以，不像白銀蘊藏量即將耗盡，黃金反而還有龐大的蘊藏量可用。從許多方面來看，這種情況就讓白銀變得比黃金更有價值。

另一個原因是，白銀也是貴重金屬，是金錢的一種形式。當美元購買力下跌，會有更多人尋求任何代表實質金錢或至少能夠保值的物品。在我撰寫這本書時，跟黃金價格相比，白銀的價格相對便宜，白銀每盎司大約十五美元，而黃金每盎司約為六百美元。就歷史來看，金價一直是白銀價格的十四倍。換句話說，如果白銀每盎司十美元，黃金每盎司就一百四十美元。但是，目前金價卻是白銀的五十倍。對我而言，依據歷史趨勢和白銀為消耗金屬這項事實，我相信白銀價格很有機會看漲。

大約一年前，許多證券交易所開始讓不想持有銀幣、銀條或投資銀礦股票的投資人，進行白銀指數型基金的交易，讓投資人更容易投資白銀。白銀指數型基金就像美國以往用書面文件證明價值，也就是所謂的銀票（silver certificate）。差別在於，指數型基金會隨著白銀市價的波動而增值或貶值。我相信證券交易所增加白銀指數型基金的交易，表示當全球貨幣購買力持續下降時，大家就可以準備好持有更多的白銀。

白銀是消耗金屬也是貴重金屬，這個事實讓白銀成為十年內的投資商機。根據報告指出，地球上剩餘的白銀蘊藏量為三億盎司，這表示在二〇二〇年時，白銀蘊藏量即將用盡。因此，一些熱中白銀交易者認為未來幾年內，白銀可能跟黃金一樣昂貴。雖然我不認為白銀的價格會飆到那麼高。不過，基於供給與需求的趨勢，我相信白銀將是一生難得一見的投資良機。現在，白銀價格還很便宜，可說是西方世界任何人都負擔得起的低風險投資。這就是為什麼我觀察趨勢，並在白銀市價走跌時進場投資。我當然有可能判斷錯誤，所以最好的方式是，在投資這股趨勢前先做好功課，找出準確可靠的資訊。

3. 住宅趨勢。商品價格居高不下的原因之一是，世人需要更多的住宅。舉例來說，中國對水泥的需求造成美國水泥供應短缺，引發水泥價格飆漲。

我喜歡投資公寓住宅的原因之一是，不論貧富，人們都需要買屋或租屋。根據估計，美國在未來二十年內，人口將從三億成長到四億多。所以，長遠來看，房價還是看漲。

當房價愈來愈貴，人們買不起房子而薪資又減少時，這些趨勢會讓更多人成為租屋族。金跟我在二〇〇七年八月九日股市崩盤時並沒有驚慌失措的原因在於，我們靠出租房地產取得現金流，不是靠銷售房地產取得現金流。想靠買賣房地產獲利者就是為資本利得而投資。

次貸信貸市場瓦解時，賣家陷入恐慌。為現金流而投資者，也就是那些將房地產出租給別人的人並沒有陷入恐慌。事實上，他們反而看到機會，也就是在房市走跌時，就有更多人要租屋而非購屋，所以房市崩盤對屋主來說是好事，對想要賣屋獲利者卻是壞事。

看到那位嚼著檳榔賣黃金的老婦人就瞭解，恐慌能讓她致富，趨勢就是她的朋友。將房屋出租給別人的房東知道，趨勢就是他們的朋友。對於要賣房地產或仰賴房地產增值的人來說，短期趨勢或許對他們不利，房價不但不會上漲，還可能下跌或持平。對賣家來說，榮景已經結束；對房東來說，榮景才要開始。

人口統計學決定命運

人口統計學是一項相當寶貴的資訊來源。俗話說：「人口統計學決定命運。」換句話說，只要跟我在越南時一樣，留心觀察人們，你就會知道該怎麼投資。當我知道人們驚慌失措地用貨幣購買商品時，我就有相當寶貴的資訊作為判斷趨勢的依據。金價每盎司跌破四百美元時，我開始小額投資，當金價跌到每盎司二百七十五美元時，我又買了一些。後來，金價開始走揚。換句話說，我觀察趨勢，並在趨勢逆轉時進場投資。至於為什麼我喜歡投資黃金和白銀的原因是，這些商品的市場總是存在的，所以流動性高，在我需要現金時就能迅速變現。

流動性愈低就需要取得更多資訊

在房地產界的趨勢是，有相當高比例的嬰兒潮世代退休時打算搬到亞利桑那州和內華達州所以，我在這些州先進行投資。由於底特律的工作機會銳減，人們逐漸遷出底特律，導致當地房價和租金跟著下跌，這股趨勢還要持續好幾年才會改變。既然房地產的流動性比黃金、白銀和股票要低得多，我必須更瞭解趨勢才能掌握情況。

二〇〇七年八月九日以後，許多屋主、房地產投機客和房地產開發商發現，要將手中持有售價過高的公寓脫手實在很難。他們不但沒有辦法把公寓賣掉，大多只能無助地看著自己的房產價值一落千丈。這件事帶給我們的教訓是：投資標的的流動性愈低，就需要更多趨勢的資訊。許多人在高價時買進房地產，現在就必須面臨低價脫手的窘況，而精明的投資人知道如何觀察趨勢買低賣高，從中獲利。

金融猛禽

每次我發現房地產開發商的吊車座落在某棟高樓公寓上方，我就知道趨勢即將步入尾聲。意即當你看到這類吊車座落在天際，就把它想像成金融猛禽，它是一種榮景即將破滅的警訊。換句話說，景氣循環已經到達頂點，接下來的就會開始衰退。所以下次當你抬頭看到二架吊車時，你就要開慢慢始出脫你不想持有的房地產。

歷史與循環

關於趨勢，最後還有一點要提醒大家的是：歷史與循環的重要性。經過幾次市場起落，我已經從歷史學到許多東西。我相信有一個跟金融相關的歷史趨勢值得觀察，那就是股票與商品之間的二十年循環。我替石油公司工作過，也曾經為了購買低價的黃金開著直升機冒著生命危險，後來我很好奇為什麼股價下跌時，商品價格卻走揚。幾年前，我碰巧看了我最喜愛的作者之一吉姆．羅傑斯（Jim Rogers）寫的《羅傑斯教你投資熱門商品》（Hot Commodities）。羅傑斯發現股價上漲二十年，同期內商品價格卻持續下跌。

舉例來說，從一九六〇年到一九八〇年，我剛好在這段時間成年，像石油和黃金等商品價格逐漸上漲。一九八〇年時，石油、黃金、白銀和房地產價格迅速下跌，同時股價卻開始攀升。一九八〇年到二〇〇〇年，股市當紅，石油、黃金和白銀卻乏人問津。雖然商品市場萎靡不振，但是我盡可能地購買石油、黃金、白銀和房地產。跟以往二十年的循環一樣，就在二〇〇〇年時，網路泡沫化，股價暴跌，商品價格再度飆漲。如果歷史再次重演，這表示商品價格到二〇二〇年才會走跌，而股市要到二〇二〇年才會再出現多頭。

我當然無法預測未來。不過，歷史似乎會再重演，而且這些年的歲月歷練，已經讓我看到一些報酬。如果你想多加瞭解像羅傑斯這類世界級投資人如何分析趨勢，我建議你看看他相關的著作。羅傑斯是一位相當出色的投資人，也是一位精通觀察趨勢的作家。請牢記在心：「趨勢就是你的朋友」。如管你忽略趨勢，金融猛禽將會讓你屍骨無存。

結論

到最後，讓你致富的不是資產而是資訊，因為資訊就是貧富的關鍵。舉例來說，如果我在一九七九年以每盎司八百美元的價格買進黃金，我就必須持有黃金到現在才可能獲利。想想看，在將近三十年的期間，美元的購買力已經下跌多少，這表示我必須等到金價每盎司一千五百美元時才能達到損益平衡。

對任何資產而言，情況都是這樣。以房地產市場為例，大多數投資人都因為資訊不足和缺乏財務智能而虧錢。這就是為什麼有人問我：「房地產是好的投資標的嗎？」我會這樣回答：「我不知道，那得看看你懂不懂投資。」

大多數事業因為缺乏健全的經營資訊和財務智能遭致失敗，而不是因為缺乏資金。當人們跟我說：「我有一個很不錯的創業構想，而且正在籌募資金，你有興趣投資我的新公司嗎？」我的回答是：「我不知道。你曾經創辦過多少成功事業？」

事實證明，自願參加越戰是我做過最聰明的事情之一。如果當時沒有自願參戰，我這輩子都沒有機會在北越碰到那位嚼著檳榔的老婦人。那天，站在敵軍陣營後方，她給我上了寶貴的一課。她贏了，因為她知道黃金的價格跟黃金的價值無關，而且藉由瞭解價值，她知道為什麼人們要購買黃金，也知道為什麼黃金對人們而言是重要的。那天，我學到讓人致富的不是資產，而是資訊與智能。如果投資黃金這種實質金錢都可能虧錢，那麼投資任何東西都可能虧錢。也是那天，我發誓要變得更精明，因為那位老婦人教會我這件事：**讓我致富的是資訊和智能**，不是黃金。

Chapter 8

財務健全

「integrity」這個字很有趣，可藉由許多不同方式來使用，也能用於不同情況。我相信這是英語中最容易被誤用、造成困惑和濫用的單字之一。我聽過人們說過好多次：「他這個人沒有誠信（integrity）」或「他們若有誠信，就會更成功」。有的人會說：「那棟房子有完整（integrity）的設計。」在討論財務健全（money integrity）之前，我想最好先說明我對這個字所做的定義。《韋氏字典》對「integrity」列出三項定義，分別是：

1. 健全：未受損的狀態。
2. 誠信：堅守道德準則或藝術價值。
3. 完整：完整或未經分割的狀態。

汽車的完整性

討論財務健全時，這三項定義都是必備要素。為了做更清楚的說明，我以汽車的完整性為例。汽車是由煞車系統、燃油系統、電力系統、油壓系統等所組成。如果系統無法運作，汽車就無法發揮功能，舉例來說，如果燃油系統損壞，整個汽車就會停下來，汽車的完整性就會打折扣也會受到破壞，此時，汽車就不具完整性。

健康與財富的完整性

同樣地，人體也可以用來做類似說明。人體是由呼吸系統、神經系統、免疫系統、消化系統等所組成。如果人體系統的完整性並不健全，例如：動脈阻塞，健康狀況就會變差，不久後就會生病或死亡。

如同健康可能因為缺乏完整性而受損，財富也可能因為缺乏完整性而打折扣。當人體完整性受損時會引發疾病或死亡，財務不健全的症狀則是低收入、高稅額、高費用、債台高築、破產、喪失抵押品贖回權、犯罪率增加、暴力、悲傷和絕望等。

先前，我列出五種不同的財務ＩＱ如下：

財務ＩＱ＃1：賺更多更多錢
財務ＩＱ＃2：保護好你的錢
財務ＩＱ＃3：錢都編列預算
財務ＩＱ＃4：懂得用錢賺錢
財務ＩＱ＃5：善用理財資訊

如果想要致富並守住財富，並將財富留給好幾代的子孫，就必須具備這五種財務智能，而且缺一不可，如果缺少任何一項或一項以上的財務智能，就像一部有煞車卻沒踏板、油管進水的車子，讓人不知所措、不知道怎樣駕駛這輛車。

當人們被財務問題所困時，這些財務智能中，就有一項以上出現失常，例如：財務不健全，讓個人生活無法圓滿。舉例來說，我有一位友人是在一家小公司當經理，她賺很多錢；但問題是，她不懂得把錢保護好，讓自己少繳一點稅，加上不擅長編列預算，又隨意花錢買衣服和度假。她利用自己的大房子作為槓桿，因為她認為房價只會走揚、不會下跌。她向她的先生和理財顧問尋求理財建議，只不過，她的先生跟她一樣都是傑出人士，卻在財務智能方面跟她面臨類似的瓶頸。

他們都是好人，是誠實有教養的虔誠教徒，而且努力工作。他們享受人生也把子女教養得很好。問題是，他們缺乏財務健全，尤其是，當他們擔心以房屋做抵押申請貸款支付信用卡卡債，憂慮是否能負擔三名子女的教育費用，以及能否有足夠的錢支付退休生活的花費時，就顯示出他們缺乏財務健全。

問題是，他們不認為自己有問題。他們每天起床，送小孩上學，然後去上班。上完班後，回家跟小孩玩，指導小孩做功課，再看一下電視節目，然後上床睡覺。他們知道有什麼事情不對勁，卻寧可不要搞清楚狀況，只是期望情況會有所改變。

理財成績單

跟大多數人一樣，我的朋友沒有個人財務報表。他們甚至不知道財務報表為何物或它重要性與否。我的朋友跟大多數大學畢業生一樣，不知道個人信用申請、個人信用評等和財務報表之間的區別。然而，沒有個人財務報表，就無法得知自己的財務狀況如何，也不知什麼事情可能出了差錯，更遑論瞭解財務是否健全狀況。沒有財務報表和五項財務智能，就很難判斷什麼事情出了差錯、什麼事情需要修正。

依我所見，缺乏完整性的起源是從我們的學校體制開始的，因為學校的課程根本沒有教我們財務ＩＱ＃５：善用理財資訊。一九七四年時，企業開始要求員工為個人退休進行投資，當時學校體制就應該在課程中增加理財教育或改善理財教育。也因為學校體制中缺乏理財教育，所以對為世界的財務健全造成衝擊。

財務報表反映財務健全狀況

如同富爸爸所說：「我往來的銀行從來沒跟我要成績單。」銀行不必跟客戶要在學的成績單，因為他們要檢視的是財務智能、不是學業智能。這就是銀行會跟客戶要求個人財務報表的原因所在。財務報表反映出個人的財務健全狀況，就等於是你的理財成績單。

銀行要找的是跟五項財務智能有關的答案。顯然，他們想知道這名顧客是否擅於賺錢、保護好自己的錢、將錢編列預算、懂得用錢賺錢和善用理財資訊。財務報表就能提供銀行這些資訊。

財務不健全

倘若個人財務不健全，表示此人負債過多，不擅長編列預算，而且入不敷出，甚至喪失抵押品贖回權，最後可能會走向破產一途。銀行當然不想跟這種人往來，因為這跟職業健全有關。

二〇〇七年時，隨著信用市場的瓦解，顯然信貸公司、銀行業和投資機構的財務已經不健全。貪婪取代了健全的放款業務，經濟無法光靠信用來擴張。由於學校體制無法教導我們足夠的理財教育，培養我們具備應有的財務智能，反而讓我們無法做好準備因應美麗新世界。全球各地有幾十億成年人沒有個人財務報表，也看不懂企業財務報表，而且搞不清楚自己國家的財務狀況，這就是教育的健全體制出現障礙。

內在價值

巴菲特並沒有分散投資，他反而找出有內在價值的企業，也就是財務健全的企業作為投資標的。他想知道企業是否具備五項財務智能。簡單講，巴菲特想要找出下列答案：

1. 這家公司能賺更多錢嗎？
2. 這家公司具有能保護自身資產的利基嗎？
3. 這家公司把資金和資源做好預算編列嗎？
4. 這家公司懂得以錢賺錢並進行擴張嗎？
5. 這家公司是由一群精明且消息靈通的團隊所經營嗎？

以更簡單的措辭來說，內在價值表示：

1. **利基**。這表示企業具備核心能力，不論景氣好壞都有辦法賺錢。可口可樂公司就符合這個條件。儘管白開水對健康比較有益，人們卻總喜歡喝含糖飲料。

商標就是可口可樂公司具備的一項重要優勢，而且這項商標受到法律保護。你或許想到財務ＩＱ＃２所說的保護。以這個例子來看，巴菲特就喜歡這項產品，因為這是法律所保護的品牌，不是商品。知名品牌、受到法律保護以免遭到仿冒，就讓可口可樂本身的價值增加。

「富爸爸」這個品牌的商標也在經銷國家受到法律保護。成為一個品牌，讓我的事業具有更多的價值。許多作家寫書卻無法建立品牌。如你所知，《哈利波特》（Harry Potter）就是一個超級品牌。一旦無法建立品牌，就會淪為商品，品牌本身具有更多的價值，而且為了維持這項價值，品牌必須符合本身所傳遞的訊息，也必須忠於顧客。

幾年前，一家大型共同基金公司跟我接洽，問我是否願意為旗下的基金背書。雖然這樣做他們會支付我相當高的酬勞，但我卻婉拒這項提議。依我所見，幫共同基金背書可能不符合富爸爸這個品牌的精神。對我來說，這樣做顯示出缺乏健全考量，可能減損富爸爸品牌的價值。況且，要我板著臉代言，我也做不到。

2. 槓桿。槓桿就是將小公司老闆和大企業企業主加以區別的關鍵。舉例來說，如果我是一名醫師，如果病人只是來向我求診看病，我就很難發揮槓桿作用，增加我的價值。但是，如果我發明新的治療方法或某種藥物，那麼我的醫學智能就能透過產品而發揮槓桿作用。

在這個世界上，小公司老闆和專業人士處處可見，他們無法發揮槓桿作用，因為他們本身就是產品。大多數員工就落入這個類別，他們不知道如何將自己的服務發揮加乘作用，以時間來換取金錢。

我們大都知道，很多音樂家認真努力卻沒有賺很多錢，只因為他們無法充分利用自身的才能。這個世界充斥著只發行過一張專輯的歌手，發行專輯是一種槓桿形式，但是這些歌手不懂得怎運用配銷和銷售技巧來讓自己的專輯大賣。這就是為什麼像《美國偶像》（American Idol）這類選秀節目如此風行的原因，即使要遭到評審的毒舌對待，自認為自己會唱歌的人還是希望藉由全國性的電視節目一炮而紅。

3.可擴展性。一旦產品或事業可以發揮槓桿作用，巴菲特想知道的下一個問題是：「這項槓桿的可擴展性有多大？」巴菲特喜歡可口可樂公司，因為它的槓桿作用可以擴展到全世界。他說：「在這個世界上，每當有人暢飲可口可樂之際，我就賺了一點錢。」

當我撰寫《富爸爸，窮爸爸》時，那本書就是我的槓桿。我不必親自教學，現在，我的書和我設計的遊戲就可以幫我做好教學工作。而我接下來要做的工作是，藉由將書籍和遊戲發行不同語言版本，擴大銷售到不同的國家。我是藉由授權給世界各地不同出版商生產富爸爸公司的產品，來完成這項工作。我並不需要自行出版印製、不必管理存貨，也不必配銷產品，現在全球一百零九個國家的出版商已經替我做好此事，這就是我運用槓桿和可擴展性的實例。

4.可預測性。巴菲特想知道的是，營收的可預測性。他不想知道營收最高達到多少或最低減少到多少，他想知道不論景氣好壞，錢還是會規律地入帳。

我喜歡投資公寓住宅的原因之一是，不管景氣好壞，都有租金收入進帳。我不必擔心房價上漲或下跌，我想要一天二十四小時，一週七天，全年無休地從世界各地獲得收入，也從我的公寓住宅獲得收入。

這就是巴菲特沒有分散投資的原因，他反而專注於事業的內在價值。當事業本身有價值，就具有完整性。當事業具有完整性，不管經濟情勢如何改變，事業就更有機會成長並維持獲利。

在投資企業前，專業投資人會先檢視企業的財務報表，看看財務是否健全。同樣地，房地產投資人在購買公寓住宅前，也應該這樣做，即從內部報酬率的瞭解，就可應用清楚知道房地產本身的價值。

由於學校沒有提供足夠的理財教育，讓人無法看懂財務報表，所以大多數人的問題在於，他們不知道自己投資的企業或房地產是否具備財務智能、是否具有內在價值。

商場語言

巴菲特說：「會計是商業語言。」如果你不知道這種語言，就很難分辨事業是否健全。富爸爸公司製作現金流遊戲適合大人和小孩，正因為我們深信財務智能和能夠運用商業語言，就是在這個貪婪和健全度堪慮的世界裡生存所不可或缺的要件。

政府財務健全

政府也需要瞭解五大財務智能。政府必須賺錢，必須把錢保管好，編列好預算，懂得用錢賺錢，並且尋求最佳財務資訊。如果政府運作正常，國家就會富強、人民就有好日子過。如果政府運作不正常，國家和人民都要過苦日子，也會日漸貧窮。高稅賦和過多債務就是美國政府為財務健全所苦的徵兆。

一九七一年時，尼克森總統以美元取代金本位制，並讓世界各國接受以美元作為儲備貨幣時，當下美國就喪失財務健全。現在，美國不但不是世界最富裕國家，還是世界債務最多的國家。雖然包括我在內，有許多人因為金錢法則的改變而變得很有錢，但有更多的人卻在財務方面表現落後。可以知道的是，財務方面的鴻溝正逐漸拉大，情況也變得更加危險。

對美國來說，問題是從「財務ＩＱ＃３：錢都編列預算」開始的。當美國的進口額開始超過出口額時，我們改變了金錢法則，也開始累積數兆美元的債務，而不是採取明智做法來解決問題。

當我們檢視財務ＩＱ＃４時，顯然美國政府不懂得用錢賺錢，反而還以債養債。現在，全世界最有錢人士竟然還欠全世界最貧窮人士的錢，這就是財務不健全的徵兆。

美國要求世界各國接受由美國政府的「十足信任與信用」所背書的美元時，美國的財務狀況就開始不健全。沒有人喜歡投資美國，看著美元的價值日漸下跌，當世界各國要求美國還債時，則財務ＩＱ＃２：保管好你的錢免受掠奪者搶走，這點就得面臨考驗。我認為美國會成為一個巨無霸掠奪者，可能賴帳不還也不履行對老人醫療保險和社會福利制度所做的承諾。美國會允許通貨膨脹破壞工作者的收入，並對年輕人加稅。對我來說，這就是不健全的徵兆。

目前，美國政府藉由提高稅賦、印製更多鈔票、借更多錢、另闢戰場並且賴一些帳，來增加財務ＩＱ＃１：賺更多更多錢。顯然這樣做只會引發更多財務問題，如果當初問題一出現時就把問題解決掉，後續的問題其實是可以避免的。

健全的時代

歷史會重演，我們的領袖和教育人員一直都知道，當政府破壞財務健全時會發生什麼事，而且這種事情以前就發生過。波蘭天文學家哥白尼（Copernicus）在一五一七年寫到：「通貨膨脹是讓王國衰亡的災難之一」。一七七六年，經濟學之父亞當．史密斯（Adam Smith）說：「通貨膨脹會對個人財富造成最致命的破壞」。在近代史上，威瑪政府破壞本身的貨幣健全，之後由希特勒開始掌權，史密斯的警告在德國成真了。

世人沒有發現金錢與貨幣有別的唯一原因在於，我們的學校體制在教育方面缺乏完整性，無法教導出具備財務智能的知識份子。

就我個人來說，我相信人類和世界各國正朝向一個巨大的風暴邁進，尤其在長期缺乏完整性的情況後，我相信金融、政治、環境和精神等力量會要求鐘擺朝向另一個方向。我不知道未來究竟會發生什麼事，但是這股風暴可能已經開始發生。

遺憾的是，在金融海嘯中，因為目前體制受惠最多的超級鉅富所會受到波及最小，而我們大家則會感受到這股自然力量，也必須盡全力對抗這股風暴，而窮人則會遭受最大的打擊。

幸好，如果我們勇敢解決即將出現的問題，選擇不逃避問題，我們就會變得更精明。在每個問題中都藏有一個智慧寶藏，此會讓我們更精明、更強壯，不論經濟情勢是好是壞，都能讓我們做得更好。

值得一提的是，現在有一些國家開始將理財教育編入教育體制中。我預測具備最佳理財教育的國家日後將帶領這個世界進入經濟繁榮的新紀元。畢竟，現在是資訊時代。

增加你的內在價值

在此同時，對我們每個人來說重要的是，為即將來臨的風暴做好準備。

我的建議是：

1. 把自己的家顧好。就像水手為了安度風暴，需要把船隻打理好一樣，你也要開始讓自己的財務狀況更健全，方能安度這場金融風暴。檢視自己的五大財務智能，問問自己目前哪一項最需要改進。哪一項需要投入最多心力？哪一項是你最大問題所在？現在就專心解決這項財務智能。別貪心想一次解決五大財務智能，那樣做只會讓你壓力過大。我相信你會發現這五項財務智能其實相互關聯，所以藉由專心解決其中一項，最後也能改善其他四項。你可以慢慢來，每天學習一點東西。隨時記住，沒有哪一位高爾夫球選手可以在一夕之間成為職業選手，即使高爾夫球名將老虎伍茲（Tiger Woods）也是一樣。

2. 投資具有內在價值的資產。請你再檢視巴菲特用於確認事業內在價值的一些標準，然後付諸實行，開始問你自己周遭有哪些企業符合這些條件。即使你不做投資，這也是增加個人財務ＩＱ的絕佳練習。

房地產內在價值

我喜歡房地產的原因之一是，這東西我看得到、摸得到，也能掌控這項資產本身的價值。但是，請隨時記住，大多數房地產並不是好的投資。不管你有沒有錢，你都可以利用每一次的接觸練習：檢視房地產並分析其本身的價值。

房地產的妙處之一就是創造力。舉例來說，我可以巧妙地運用融資、修繕或以創意方式增加房地產的價值。但是，在挑選股票或購買共同基金時，創造力就不那麼具有優勢。不過，在投資房地產時，創造力加上完整性就能讓你賺大錢。

還記得，我在美國海軍商船學校唸書時學到，風暴接近時，就該在艙口釘上壓條。簡單來說，就是保護船隻的完整性。在我航海行船的那幾年，我在太平洋上遇過四次颱風。現在，我仍然能清楚地回想起波濤巨浪把整艘船吞沒的情景。我可以看到、感受到，並聽到船隻嘎嘎作響，整艘船被用力拉扯，盡全力維持結構的完整性，然後破浪而出。我很感謝工程師設計出一艘好船，也感謝同船人員都訓練有素，為風暴做好準備。

在工業時代結束，由資訊時代掌控之際，混亂的情勢會日漸增加。隨著石油價格上漲，美元走跌，中國和印度開始生產汽車與飛機，美國境內的製造工作消失了，企業也跟著外移，嬰兒潮世代指望靠政府照顧他們，美國受到恐怖主義的威脅俱增，對伊拉克之戰的支出龐大，國債已迅速增加，原本前所未見問題將被揭露出來。在資訊時代，像五大財務智能這類資訊將成為你最重要的資產。

我相信這個世界的財務健全正面臨前所未見的挑戰，我相信這是人們長久以來太過貪婪，企業、政府和學校以不當的資訊來經營並且貪污腐敗所致。二〇〇七年八月，當信用市場瓦解時，我相信我們正接觸到這場醞釀中風暴的外緣地帶，我們還有幾年的時間，才會觸碰到這個風暴的中心。所以，現在我們就必須做好準備，才能安然度過這場金融風暴。我們必須勇敢精明，因為情勢將會相當刺激，這也將是讓你變得更富有、更精明的大好時機。不過，你必須鼓起勇氣，也必須培養你的理財天賦。

Chapter 9

培養你的理財天賦

上學後，我才知道自己並不聰明。從進幼稚園到大學畢業這十七年當中，我的求學之路走得並不順遂。我總是被當成普通學生，不管我在哪一個班級，總有同學比我聰明，學得比我快。對於聰明的小孩來說，學校生活似乎如魚得水；但是對我而言，學校生活卻很費力。我唯一拿過A的課程是工藝課，因為我喜歡用雙手實作，工藝課程要求繳交一項作品，我替全班建造一艘木船，其他同學卻只是幫媽媽做盛沙拉用的木碗。

我也是到學校後才知道自己窮。九歲時，我家搬到小鎮的另一端，我的同學都是有錢人家的小孩。有趣的是，同一條街上有二所小學面對面，一邊是工會小學，另一邊是河岸小學，都是公立學校，但是二所學校的學生卻有天壤之別，一所都是有錢人家的小孩，另一所卻是勞動階級的小孩。

起初，工會小學是為了糖廠工會成員的子女而設立的，所以學校也以此命名。河岸小學則是給糖廠老闆和主管的子女唸的。我家剛好搬到與河岸相鄰的這一區，所以我唸的是河岸小學。

即使當時我才九歲，我注意到在河岸小學的同學們，他們的生活水準比我們家更好。我有很多有錢同學住在橋另一端的高級社區中。每次我過橋去跟他們玩耍，總有一種跨進另一個世界的感覺。

在橋的這一邊，我的同學們住在富麗堂皇的豪宅裡。但是在橋的另一邊，也就是我們家住的那一區，這裡的房子並不出色，因為都是蓋給糖廠員工住的。我同學住的是自家擁有的房子，我住的是租來的房子。還有一些同學，他們家甚至有好幾間房子，有海灘小屋可以度假，而我們家去海邊玩時，卻是到開放供民眾使用的海灘公園。我的同學在遊艇俱樂部或鄉村俱樂部玩樂，而我卻在鄉村俱樂部打工。

雖然有錢，我的同學跟他們的家人並不勢利，他們都很親切，熱心參與社區活動。我在同學家的海邊小屋和遊艇上歡度我的年少歲月，也搭乘過私人飛機。他們並不會炫耀自己多麼有錢，而是樂意與別人分享美好生活。對他們來說，有錢是自然而然的事，沒什麼稀奇。對他們來說，這種生活方式當然沒什麼大不了，但是對我來說，這種生活方式可是很了不起，有時候還會讓我不自在，讓我覺得格格不入。我也心知肚明，我跟他們的生活水準是不一樣的。十二歲時，我的有錢朋友們上私立學校唸書，我則跟其他工會小學的孩子們一樣進入公立中學就讀。

我也是在上學後才知道自己是怪胎。高中時，我想追的女生都對我沒興趣，因為我的外表一點也不酷，學校裡最受歡迎的女生都喜歡年紀較大、混幫派又有車開的壞男生，但是我卻一付宅樣。

一九七四年時，二十七歲的我從海軍陸戰隊退役，我知道我想要變成有錢人，想要開跑車，也想跟美女約會。即使我已經長大，脫離嬰兒肥時期，變得既高又壯，但是在我心裡，我還是那位沒有很多錢、既害羞又胖的傢伙。我知道我要什麼，卻不知道我該怎麼做才能得到我想要的東西。

我知道我想成為一名企業家，也想投資房地產，但是我既沒有錢又沒技能。我一直想這件事，並拿我目前的生活跟我想要的生活比較，我漸漸明白學校老師的看法是對的，我很平凡，沒有重要技能或才能，也不聰明。如果我打算加入有錢人的行列，就必須想辦法，至少在任何方面讓自己不會入不敷出。

別縮衣節食度日

理財專家建議人們要量入為出並分散投資。對許多人來說，這聽起來像是很不錯的建議。問題是，依照這項建議去做，你最後只能平凡度日，因為這是很普通的建議，這是一般理財專家提出的建議。況且，有誰想要縮衣節食地度日？

在高中時，學生開始專注在學業優勢，在修課時會以日後高薪事業生涯為考量。家長和老師們不斷地督促學生要努力唸書並取得好成績。大學畢業後，許多人繼續唸研究所和企業碩士課程。許多醫生在醫學院完成幾年的嚴格訓練後，為了成為外科或內科等專科醫師，還要接受額外的訓練。藝術科系的學生也必須在雕塑、油畫、水彩畫、商業繪圖和音樂等方面表現傑出，才能成為藝術家。有運動天賦的學生則準備在足球、網球、籃球或高爾夫球發展事業生涯。事實上，參加體育活動時，你會看到許多家長激動地大叫，要求孩子盡全力表現，並期待孩子所屬團隊一定要贏。畢竟，沒有人想加入表現平平的團隊。

為第一。我們必須專注並用功，必須專精。不過，談到金錢這回事，人們就被建議要分散，而非專精；要縮衣節食，而非以更高的生活水準度日。

我從海軍商船學校畢業時，並不想隨便找一份工作，過著縮衣節食的日子。對我來說，量入為出這種生活方式是窮人的生活方式。我不想開國民車或住在一般地段，我也知道分散投資會讓我的投資報酬低於平均。我也知道如果想要提升生活水準，想要過小學同學那種富裕生活，就必須專注。

當我在唸完四年軍校，在海軍陸戰隊服役五年後要重新踏入社會時，我環顧四周發現，大多數人努力工作，在專業上有超越一般水準的表現，結果在財務方面卻表現拙劣。

我認為成為有錢人就是打敗一流學生、打敗富家子弟，打敗認為我只是二流學生的老師以及及打敗那些對我不感興趣女孩的最佳方式。我並沒有生他們的氣，我只是厭倦平凡。我明白我可以比大多數人更有錢，因為談到錢，大多數人只是依照拙劣的理財策略和忠告。

專家為什麼建議人們分散投資？

巴菲特說：「分散投資是為了避免因為無知而受到波及。知道自己在做什麼的人就不需要分散投資。」巴菲特也針對理財顧問提出評論：「其他行業的專業人士，例如牙醫，竟然把很多錢交給理財顧問這種門外漢。但是一般來說，把錢交給專業理財顧問的人根本一無所獲。」

我認為當許多理財顧問建議分散投資時，只是為了保護他們的無知。我猜想巴菲特的意思是，這是三流理財顧問給三流投資人的三流理財忠告。

巴菲特自己有不同的理財策略，他並沒有分散投資，反而專注於某些投資標的。他找出本身具有價值的企業，並以絕佳的價格進行投資。他不會買進多家企業的股票，或祈禱其中一家公司的股價飆漲；他不想要一般水準的投資報酬或在股市中下賭注；他喜歡掌控企業，但卻不喜歡經營企業。當巴菲特提到投資，他的關鍵用語就是內在價值，而不是分散投資。

理財顧問建議分散投資的一項原因是，他們無法找出絕佳的企業作為投資標的。他們無法握有掌控，而且大都不知道如何經營事業。他們只是員工，而不是像巴菲特那樣的企業家。

精明的傢伙失敗了

二〇〇七年八月二十四日，就在股市崩盤後，《華爾街日報》刊出，由華爾街那些最精明的傢伙所管理的計量型基金，結果全都虧錢的一篇報導，由賈斯汀・拉哈特（Justin Lahart）撰寫，名為「計量型基金劇本之敗筆」（How the 'Quant' Playbook Failed）。換句話說，這些在學校成績優異的高材生卻在股市中被當了。這篇報導提到：

> 即使他們並未共用同樣的統計模型，但是計量型基金卻以類似的手法在股市中進行投資。這些人受過同樣的訓練，學到一樣的統計原理，研究過同樣的學術論文，並運用同樣的歷史資料。使得他們很容易針對如何投資做出類似的結論。

換句話說，華爾街雇用學術天才，這些人是全球最好商學院高材生，他們運用先進的電腦模型進行高達數十億美元的投資，而且他們全都提出同樣的答案。當模型運算結果是「賣出」，他們就全體一致地賣出，造成股市崩盤，這樣做根本沒有財務智能。

自以為是的分散投資

我有二位同學都很聰明，他們都擁有史丹佛大學博士學位，也都有高薪工作，一位在銀行做事，另一位在石油公司任職。在九一一恐怖攻擊引發股市崩盤後，兩人因為分散投資虧了很多錢。這麼多年來，我跟他們私下交談時，分別問過他們兩人的投資策略。他們都說：「我在股票、債券和共同基金方面進行分散投資。」

我雖然沒有明說，但我想點醒他們，他們這樣做根本不是分散投資。他們不但沒有分散投資，反而把所有資金全都投資紙資產，尤其是以股票市場為主。他們並沒有投資房地產、私人事業或像石油生產等商品。當股市走跌，所有資產的價值都下跌。他們並沒有分散投資，卻自以為分散投資。他們有高人一等的智商，而財務ＩＱ卻低於常人。

找出你的天賦

我在一九七四年到一九八四年間，創辦過一些事業。當時我下定決心要成為企業家。

但是，在我成為企業家之前，就像小嬰兒在學會走路前要經過好幾次跌跌撞撞一樣，經歷過一些波折，而我這樣做是因為我想學會當內行人，而非門外漢。

從一九八四年到一九九四年，我成為一名教育企業家，因為我對人們如何學習很感興趣。雖然我不喜歡學校，但我很喜歡學習，而且，我想知道為什麼我唸書時總覺得自己很笨。在這十年當中，金跟我創辦了一家教育公司，教導創業精神和投資，並且在澳洲、加拿大、紐西蘭、新加坡和美國設立營業據點。

在這段期間，我做的事幾乎跟傳統學校的教學方式截然不同。我不想營造一種只培養一、二位優秀學生的環境，而是要創造出讓每位學員都覺得自己很聰明並有興趣學習的環境。我不想營造出互相競爭的學習環境，而是要營造出彼此合作的學習環境。我沒有讓學員聽我講課，而是設計不同遊戲教導特定主題。這些課程一點也不無聊，反而讓學員主動接受挑戰和參與。

後來，我以身為企業教育家的經驗，開發出現金流遊戲，這是市面上同時教導會計與投資的第一種遊戲。或許你知道，會計是世界上最無趣的科目，而投資是世界上最令人恐懼的科目。將這二種科目結合為一項遊戲，學習就變得極具挑戰性也很有趣。就算把這個遊戲玩上幾千遍，每次再玩時還是能在會計、投資和遊戲本身學到新東西。

當我對人類心智及我們如何學習有更多的瞭解時，我發現跟學校體制有關的一些事令人不安，因為目前的教導系統其實對孩子的腦力發展有害。換句話說，在這種教育體制下，即使一流學生的學習速度也可能因此受到波及。我對於學習方式有更多研究，並且常在課程中實際運用不同教導方法後，就想要尋求答案，也發現為何在我唸書時總被歸類成很笨或只是表現普通的學生。

多元智能

我對人類心智及學習進行研究時，發現了霍華德・嘉納（Howard Gardner）的著作《Frames of Mind: The Theory of Multiple Intelligences》，這本書讓人擴展心智，他教導大家人類有七種智能：

1. 語言智能
2. 邏輯數學智能
3. 音樂智能
4. 身體動覺智能

5. 空間智能
6. 人際智能
7. 內省智能

他的著作證實我原本知道的事：我只是不具備受到學校體制承認的智能，也就是語言智能和邏輯數理智能。所以，我在高中時英文被當了二次。我在英語寫作、拼字或標點符號等方面都表現不佳，我既沒有語言智能，也沒有邏輯智能。

我在海軍商船學校唸大一時，英文變成我最喜愛的科目，因為我遇到一位好老師。如果不是那位老師，我現在或許無法當作家。當時那位老師有絕佳的人際技巧，所以他能跟我溝通，我很尊敬他，在教學過程中，他不但沒有澆我冷水，反而鼓勵我，我們可以平行地溝通，而不是像老師和學生那樣上對下的溝通。看到他對教學的熱忱，讓我想在課堂中表現優異，觸動我認真學習。所以，這門課我不但沒有被當掉，還得了B。

我需要保障

後來，我加入海軍陸戰隊到越南參戰，這時候是內省智能讓我得以活命，它主要控制我的情緒並完成任務的能力，即使是對性命有威脅的任務也一樣。許多人無法獲得財務成功，因為他們的內省智能很弱，這種人常說：「我需要工作保障」或「那聽起來太冒險了」，這些就是被情緒操控，而不是以內省智能操控的例子。

當我對嘉納和他提出的多元智能理論進行更多研究後，我明白學校成績優異的學生是那些語言智能和邏輯數學智能較高者。閱讀、寫作和數學對他們來說很簡單，對我來說卻很難。我看得慢也寫得慢，而且我在測量船隻或算錢時才對數學有興趣，我比較在行的智能是空間智能、身體動覺智能和內省智能，所以我上課時會心不在焉，但是對打造船隻興致勃勃，就算老師說我成績不好、日後就找不到好工作時，我也不受威脅、更不會加把勁地唸書。

現在，你或許想問問自己：在這七項智能中，你最在行的是哪一項？試著將自己從最在行到最不在行的智能依序列出。

人腦的三個部分

愛因斯坦（Albert Einstein）曾說：「想像力比知識更重要。」

身為企業教育家，我對人腦的不同部分做了許多研究。以最簡單的用語來說，人腦可分為三個部分如下圖。

1. **左腦**。通常於閱讀、寫作、說話和邏輯有關。在學校成績優異的小孩左腦比較發達。以嘉納的多元智能著作來看，左腦可能跟語言智能、邏輯數學智能和人際智能有關。作家、科學家、律師、會計和學校教師就是左腦發達者會從事的行業。

2. **右腦**。通常跟圖畫、藝術、音樂和其他利用創意與想像力，且非線性的事物有關。以嘉納的論述來看，音樂智能和空間智能可能跟右腦最有關。設計師、建築師和音樂家就是右腦發達者會從事的行業。

3. **潛意識**。這是人腦的三個部分中最具支配力的一個部分，因為潛意識包括「原始腦」（primitive brain）。原始腦跟動物的腦部最為

相近，原始腦並不思考，只是反應、奮戰、逃跑或被嚇呆。以嘉納的論述來看，內省智能或許跟潛意識最有關。依我所見，最後決定個人在生活、愛情、健康和金錢方面是否成功，關鍵就在於內省智能。這是因為潛意識是人腦中最有影響力的部分，尤其是在壓力狀態下更是如此。

潛意識也透過身體動覺智能影響我們的行動。以高爾夫球比賽為例，壓力可能造成高爾夫球選手錯過一次可以輕易推桿入洞的機會。就潛意識方面來看，人們可能呆住了，因為害怕犯錯而不採取行動，或是為了工作保障，而留在原本的職位上。

具有高內省智能者則有能力控制潛意識想要奮戰、逃走或停住的欲望。與其逃走，具有高度內省智能者則選擇停住。如果潛意識要他們停住，或許下一步會選擇奮戰。重點是，他們具備選擇合適潛意識反應的智能。在生氣時，他們可以保持鎮靜地表達意見；害怕時，他們有辦法勇敢面對自己的恐懼。

當人們的潛意識被恐懼所控制時，想法就會跟平常不一樣。如果人們感到不安，他們可能會說：「我不能那樣做。萬一我失敗，怎麼辦？」或「那樣做太冒險了。」相較之下，如果潛意識被奮戰狀態所控制，人們可能會說：「我要做給他們看，我會完成那項交易，只為了證明我做得到。」

學會在思考並做出決定之前，選擇你的潛意識狀態，這一點很重要。我在越南時，當我選擇奮戰狀態，我的心情會變好，也把飛機開得更好，而且信心滿滿。當我處於逃走或恐懼狀態時，我的想法就充滿不安。所以，在你運用左腦和右腦之前，記得先選擇你的潛意識狀態。

需要在壓力狀態下做出驚人控制的行業，是最適合具有高度內省智能的人士。舉例來說，警察、急診室護士與醫師、消防人員和軍人都需要高度的內省智能。我認為企業家也必須具備高度的內省智能。

哪一個腦掌控你的錢？

我對腦部及其運作感到好奇的原因是，我很訝異為什麼有那麼多人言行不一。舉例來說，我可能會問人：「你想致富嗎？」大多數人都從他們掌管邏輯思考的左腦來回答：「是的，我真的想致富。」問題不是出在他們掌管邏輯思考的左腦，而是出在潛意識會這麼說：「不會是你，你絕不可能致富。」或「你怎麼可能變成有錢人呢？你根本身無分文。」

在許多情況下，讓人們猶豫不前的原因就是潛意識中害怕失敗。在學校時，老師就是運用這種對失敗的恐懼來激勵學生。我記得，老師曾跟我說：「如果你成績不好，你就找不到好的工作。」人們長大後，成績一流的學生已經找到好的工作，當他們想轉換跑道時，他們就會因為害怕失敗而被困在原先的職務上。

舉例來說，我有一位律師朋友，他是哈佛大學的高材生，他想換工作卻遲遲不肯行動。他擔心換新工作後會失敗，賺的錢不夠多。他跟我說：「我當律師當這麼久了，除了做這一行，真不知道自己還可以做什麼。也不知誰會付錢給我，讓我維持目前的收入？」他的左腦很發達，但是右腦卻不太靈光，更糟的是，他的潛意識根本不受控制。

我要再次強調，潛意識就是人腦中最有影響力的部分，因此得以掌控我們的癖好。舉例來說，有煙癮者大都會想戒煙。你可以對他們的左腦說明抽煙帶來的有害影響，並向他們的右腦展示肺癌的駭人圖片。但是，如果潛意識想抽煙，有煙癮者照樣抽煙。從許多方面來看，潛意識控制了你的生活，不管你在學校的成績是好是壞都一樣。對大多數人來說，談到金錢這回事，腦袋裡這三個部分就開始交戰。就是這種衝突造成許多人在其實想要改善生活水準也想致富之際，卻過著縮衣節食的日子。

身為教導企業家精神和金錢的老師，我發現許多人，即使是教育程度很高的知識份子都窮慣了。他們的腦子裡藏有一種想法，即是習慣貧窮，他們不但沒有點石成金，反而把所接觸的事物都變成不值錢的東西。

人腦交戰

身為老師，這種人腦交戰的情景讓我相當好奇。我對於人類的邏輯心智與非邏輯心智之間的衝突感到不解。我明白真正的教育不只是教導學生閱讀、寫作和背答案。也明白為了讓教育發揮成效，真正的教育必須跟人腦的三個部分做搭配。能開發左腦、右腦和潛意識並讓其互相配合者，則更有機會在現實世界中獲得成功。

傳統教育的問題出在，只專注於人腦的某一部分，也就是左腦。換句話說，你可能是左腦天才，但卻是潛意識白癡。你的左腦知道該怎麼做，但是你的潛意識卻因為害怕而不敢實際去做。最糟的是，許多人離開學校時，具備了十足的讀寫運算能力，卻在現實世界中因為擔心或尋求保障，反而不敢抓住機會。他們所受的教育告訴他們，知識比想像力更重要，也比整合人腦三部分的能力更重要。

在多年來努力追求第一後，這些人又聽信理財專家的建議，去分散投資並縮衣節食。對於處於恐懼狀態的潛意識來說，這種建議聽起來既明智又合邏輯。多年來，這些人後來每個月把部分收入交給理財專家，期望理財專家知道自己在做什麼。在此同時，巴菲特表示：「分散是為了避免受無知所累。」確實是這樣沒錯。

由左腦人士統治的世界

這個世界是由左腦人士所統治。左腦人士的問題在於，他們認為只有一種腦、只有一種智能。許多人不知道有人腦還有其他部分，有其他類型的智能存在。當你向教育程度相當高的左腦人士請問智能的定義，他（她）會回答：「如果你同意我的看法，你就很聰明；如果你不同意我的看法，你就是笨蛋。」

在金錢世界裡，這些左腦人士相信賺錢就是一項以數字為主的公式，也就是一個數學等式。這就是為什麼當股市崩盤時，許多基金一起完蛋的原因。基金是由依照同樣公式的學術天才來管理。在此，我要再次引述二〇〇七年八月二十四日《華爾街日報》針對計量型基金的報導（記者拉哈特撰寫的「計量型基金劇本的敗筆」）：

> 許多計量型基金都是使用統計模型來找出致勝的交易策略，據說這類基金在這個月遭受龐大損失。從許多方面來看，基金經理人把責任怪罪到其他計量型的避險基金。基本上，他們持有許多同樣的股票，在統計結果為賣出持股時，他們

就在同一時間賣出股票，因此造成股價大跌，在這個過程中大家都蒙受損失、無一倖免。

換句話說，成績一流的學生利用本身掌管語言和邏輯數學的左腦投資股市，並且提出同樣的答案，就像在學校唸書時一樣。那麼，損失的代價由誰來承擔呢？可不是他們這些成績一流的學生，他們依然有穩定的收入，他們是員工，不是投資人。

學會運用全腦致勝

巴菲特曾說：「你必須有自己的想法，我總是很訝異，為什麼智商高的人竟然如此盲目地模仿別人。」

身為教育企業家，我開始教導學生在思考時要跳脫框架，要創新、不要模仿。我很訝異這種教學過程竟然讓我的許多學員感到恐懼。大多數人因為太過擔心害怕，亟需工作保障、神奇的投資公式和避免犯錯，所以要破除這種擔心害怕，就是我工作中最艱難的一環。

我擔任講師的職責是告訴他們如何運用本身的主要智能，並且運用全腦（左腦、右腦和潛意識）在財務方面成為贏家。我通常將這類課程稱為「學會運用全腦致勝」（Learning to Win Using Your Whole Brain）。為了引起人們的注意，我還常說：「很顯然，這樣做不會讓成績一流的學生高興，不過當我跟他們說明我的調查結果所依據的邏輯後，他們就會瞭解。」

窮人階級與中產階級的語言

神經科學家最近發現，腦部有鏡像神經元。這些科學家中有很多人相信，這項發現比DNA的發現更重要。簡單講，鏡像神經元就等於有樣學樣或物以類聚。也就是說，人腦本來就被設定為看到別人做什麼，就做什麼。這一點說明了為什麼計量型基金經理人投資同樣的股票、為什麼窮人即使在賺很多錢時依舊貧窮，以及為什麼在英國長大的孩子跟在美國或澳洲長大的孩子不一樣，講不一樣的方言，操不一樣的口音。

方言和口音的鏡像神經元限制了我們的世界範圍，也限制我們跟誰交往。來自夏威夷將母語與英語混著講的小孩，通常到大島上有一大群夏威夷同鄉為伍的學校就讀，這樣他們才覺得自在。工會小學的學生大多將母語與英語混著講，河岸小學的學生卻被校方禁止這樣做。我相信這對我的人生產生極大的差異，也是我為什麼去紐約大學就讀，而不是在夏威夷大學就讀的原因。

在商場和投資界，窮人有窮人的方言，他們不但沒有使用商場和投資界用的方言，反而這樣說：「政府方案、福利制度和協助。」中產階級則講不一樣的方言，他們說：「分散投資並縮衣節食。」巴菲特則說：「我不是想要錢才去做投資，而是想賺錢並看著錢愈來愈多，因為這實在很有趣。」這個例子說明了反應不同鏡像神經元的不同英語方言。

每個團體都有自己講的口音和方言。舉例來說，打高爾夫球的人聚在一起時，他們講的話是全然不同的一種英語形式。當他們說到「birdie」這個字，不是指在高爾夫球場中射鳥。而是有人打出低於標準桿一桿的成績，也就是打得很好的意思。

同樣地，有錢人也講不一樣的方言。這是跟不同腦部和不同鏡像神經元有關。因此，對當年九歲的我來說，過了橋之後人生就改觀了，而且到現在我都沒有縮衣節食或分散投資。這也是為什麼即使當我瀕臨破產時，並沒有開廉價車、穿便宜衣服或住在房價很低的地段。這一切就跟鏡像神經元和生活水準有關。

現在，神經科學家認為鏡像神經元是人腦中最強有力的學習部分。這項論點也說明，為什麼有些學生在課堂中總是深得老師喜愛。這是因為大多數的課程，都是由左腦發達的老師授課，他們通常比較喜歡有同樣智能的孩子。相反地，這些老師比較不喜歡在藝術、音樂、創意、運動方面較傑出的小孩，或是不怕老師的小孩。到了大學時期，語言智能和邏輯數學智能較差的學生大都被淘汰掉了。他們一直被歸類為放牛班的學生，也在升學過程中被淘汰掉。可悲的是，這些被淘汰掉的孩子通常認為自己很笨。想像一下，如果這種情況在你年紀很小時就發生，會怎麼樣？這種污名會對你的人生有何影響？

哈佛大學教授羅勃特・羅森塔爾（Robert Rosenthal）及藍諾爾・雅格布森（Lenore Jacobson）於一九六六年進行的一項實驗，即是當教師被告知他們的課堂中有某些孩童是天才，或許事實並非如此。結果，幾乎在所有情況下，這些孩子都獲得出乎意料的好成績。換句話說，研究人員發現老師對於學童智能的認知，就是影響孩童學習的最大因素。在投資界，這種情況就稱為偏見，在族群關係中就稱為歧視，這就是鏡像神經元的影響實例。

簡單講，鏡像神經元意指人腦就像電視的發射器和接收器，即使我們並未實際交談，腦部依然進行相當深層的溝通。舉例來說，當我們走進一間房間，即使沒說什麼話，卻可以馬上察覺到誰喜歡我們、誰不喜歡我們。我知道如果我們認為自己不好，別人也不會認為我們好，在許多情況下，別人只是把我發送出的訊息回傳給我。換句話說，如果我認為自己很失敗，別人就會認為我很失敗。

幸好，你我都能藉由改變我們對自己的看法，進而改變別人對我們的看法。這件事可藉由調適鏡像神經元來完成，雖然做起來並不容易，卻還是可以做得到。舉例來說，如果我沒有改變我對自己的看法，我就不可能遇到並娶到像金這樣的美女，也不可能跟川普這種房地產大亨交朋友，也不可能獲得財務保障。如果我當初沒有刻意改變自己的認知，我現在可能還是一位既害羞又胖，說著一口洋涇濱英文的窮小子。

就像我從名校畢業，卻不覺得自己很聰明。我認為自己就是沒辦法像有些人那樣精明，我總是表現平庸。記得在應徵工作時，常被問到的第一個問題是，我唸哪一所學校，我是否擁有碩士學位。如果我有碩士學位，被錄取的機率就會提高。即使我進入商界，我一樣是在一個課堂裡，在一個由左腦智能支配的世界。一九七四年時，我在全錄公司上班，我答應公司會取得企管碩士學位，所以我開始研究腦部和不同的學習與教學方式，也努力找尋以我開出的條件為生，而非以公司開出的交易條件的方式。

生長在教師家庭讓我明白一件事，人們以就讀學校和擁有哪些學位來評量這個人是否成功。在商業界，情況也差不多。在大多數知名企業，企業主想要擁有名校研究所學位的員工，換句話說，從常春藤名校畢業者比州立大學畢業生更優秀，州立大學畢業生又比社區大學畢業生更優秀。在商場中，你唸的學校能給你更好的工作、更好的頭銜和更好的薪水，這就是衡量成功的方式。

我在富爸爸身邊明白他如何評量成功，他以自己賺多少錢、花多少時間跟人相處、可以自由選擇工作或不工作，以及他提供多少工作機會給別人，來評量他是否成功。我領悟到，我最好決定要將自己的生活定位在那種標準上，方能臻至成功。既然我不認為自己可以在窮爸爸的學校競賽和大企業中獲勝，於是我決定投身在富爸爸的競賽，這樣我勝算比較大。從那時候起，我才開始接受真正的教育。

我決定以富爸爸為榜樣，我也要當企業家和房地產投資人。我知道自己在這些領域更有機會成功，因為大多數成績優異者都是員工，他們尋求高薪工作，並投資像股票、債券和共同基金這類紙資產。由於我是三流學生，我明白如果想要成功，必須運用全腦，而不只是靠左腦。

接下來，你該問問自己：

1. 你用什麼標準來衡量自己成功與否？
2. 你在哪一方面最有機會成功？
3. 你的大腦被訓練成勇於追求成功嗎？
4. 你的左腦、右腦和潛意識彼此合作或互相抗衡嗎？

二項不利因素

多年來，我發現談到金錢這回事，人們有二大不足之處：

1. **我們的學校並未教導太多理財知識**。即使是成績優異的學生，在理財知識上也所知甚少。更重要的是，透過最近發現的鏡像神經元科學，我們大多也是跟財務智能不足者學習如何理財。這就是為什麼有那麼多人抱持著中產階級的想法，例如：縮衣節食、存錢並還清債務。

2. **我們的學校並未強化學生的潛意識智能**。事實上，學校不但沒有指導我們開發潛意識，反而害怕激勵學生，甚至以威脅取代指導，以模仿取代創新，懲罰犯錯而非容錯，要大家審慎保守而不是宏觀思考，並且說大家想聽的話，而不是大家必須聽的話。

由於這二項因素，許多人在應該賣出時反而買進，在應該花錢時反而存錢，在應該存錢時反而花錢，在應該勇敢時反而畏縮，在應該害怕時反而莽撞。

以下就是這種失控、不理性、沒有理財智慧的潛意識行為的一些例子：

1. **所有計量型基金在同一時間拋售，引起市場恐慌，這是因為他們投資同一檔股票。**當他們應該買進股票時，卻賣出股票。這種恐慌情緒是來自潛意識。他們會模仿別人怎麼做，因為在緊要關頭時他們擔心自己跟別人不一樣，所以做同樣的事，不敢發揮創意，不敢冒險讓自己的想法與眾不同。

2. **當人們獲得加薪或拿到一筆錢時，他們常會因為太過開心而把錢花掉，沒有把錢拿來還債**。我的一位友人，他繼承雙親將近一百萬美元的遺產。他馬上申請貸款買一間大房子和二輛車。他不但沒有擺脫壞債，反而因為繼承遺產而興高采烈，結果讓自己債台高築。現在，他不但沒錢可花，還淪落到要想辦法保住房子的下場。

3. **當經濟步入衰退，許多公司的「銷售控制部門」就開始掌權**。當業績下滑，大多數企業會縮減廣告、宣傳和業務人力。其實在這個時候，不但不該省錢，反而應該花錢。在景氣不好時，企業應該花更多錢做廣告和宣傳，應該雇用更多業務人員，並提供更多業務誘因並且發揮更多創意。換句話說，這時候要更充分運用右腦，並進行更多的溝通，應該讓銷售、收購部門掌管全局，卻被由會計、法務和受薪員工等左腦發達、潛意識中充滿不安的單位來掌權。當銷售控制部門主掌大權時，許多員工就會丟掉工作飯碗。依我所見，景氣不好時，銷售控制部門才應該裁撤一些員工。

潛意識認為自己很聰明，但最大的問題在於，它可以是你最重要的朋友，或是你最可怕的敵人。我們必須具備更高的智能，才能退後一步客觀地判斷，究竟潛意識正在扮演朋友或敵人。當我們談到像金錢、性愛、宗教和政治等與情緒極為相關的主題時，必須有相當智慧的知識份子才能夠客觀中立去思考，詳述和傾聽，然後左右腦並用地清楚思考。潛意識的問題在於，它沒有智慧，它只懂得反應，無法評量利弊得失。

跟笨蛋爭論

你根本不可能跟正在運用潛意識的人講道理，因為它根本不講道理。問題是，當人們透過潛意識講話的時候，還以為自己很講道理也很聰明。舉例來說，當我建議企業人士在景氣蕭條時要多花錢，而非省錢時，但是，在大多數情況下，潛意識會開始出來講話，開始幫企業人士找到必須縮減預算、必須裁撤員工，以及必須開始省錢的合理原因。對大多數企業人士來說，這樣做本來就很合理、也很明智。他們早就決定好要這麼做，拒絕新的構想。

如果你要跟他們討論這個問題，他們就會開始採取防禦姿態。他們會把保護牆築得更高，他們不會逃跑而會反擊。因為他們想捍衛自己的決定，證明自己是對的。他們不但無法從中學習，反而變成笨蛋。跟笨蛋爭論的問題就是，當一個笨蛋出現後，另一個人很快也會變成笨蛋，到最後，你跟正在跟你爭論的人都是笨蛋。

窮人依舊窮困的原因之一是，他們在潛意識裡就把自己當成窮人。當我跟為錢所困的人士交談時，許多人會為自己深陷貧困找藉口。他們會這樣說：「我寧可快樂，也不要有錢」，或者「你必須騙人才會有錢」。如果你跟他們爭論，試圖讓他們敞開心胸接納新構想，他們的潛意識通常會變得更封閉，也更自以為是。不久後就會看到二個笨蛋互相爭論。

許多喜歡自己的工作但想做些其他事的員工和高薪主管，也會發生類似的事件。可是他們並沒有做自己想做的事，而是讓潛意識提出合理藉口，讓他們無法去做自己想做的事。當他們得知身為高薪員工要繳很高的稅時，他們會這樣回答：「納稅是國民應盡的義務。」如果你再進一步跟他們說可以做更好的投資，獲得更好的投資報酬並繳更少的稅時，他們會說：「那樣做太冒險了。」他們因為害怕，所以關上心門拒絕新的可能性。如果你跟他們爭辯，那你也變成笨蛋了。

要改變你的人生，就要改變你的環境

在我對教育及我們如何學習進行研究時發現，環境是最重要的老師。這也證明最近神經科學家發現腦部鏡像神經元為何如此重要。科學證實了我們大多數人已經知道的事：要改變你的人生，就要先改變你的做法。

我們大都知道，如果我們想減重，勤上健身房會比勤上餐廳更有可能減重。如果我們想唸書，待在安靜的圖書館或許會比一邊開車一邊唸書要好（我一直看到有人這樣做）。如果我們想放鬆，我們會休假到海邊走走或去爬山。如果你想變成有錢人，你必須找出有助於讓你變得更富有的環境。諷刺的是，對大多數人來說，職場和學校都不是讓人變得更富有的地方。

環境的力量

如果你想更富有、更成功，你能否找到讓你發展全腦並給你時間開發全腦的環境，這就是關鍵所在。

我到一九七四年才明白，成績優異者不可能雇用我替他們工作。舉例來說，醫生或律師就不可能雇用我，因為他們必須跟學校成績優異並且在同行有專業技能的人為伍。醫師不想要笨手笨腳的護士，律師也不想要能力不佳的助理。

由於我是三流學生，所以必須想辦法讓一流學生替我工作。當我決定要像富爸爸那樣成為企業家和房地產投資人，別像成績優異擔任學者的窮爸爸那樣時，我就有了這樣的想法。我選擇當企業家和房地產投資人，因為我學得慢，而且我知道自己要花時間培養個人財務智能。我並不想迅速致富，我要找一個適合我的環境，讓我可以慢慢學習。

當企業家的另一個重要原因是，我可以跟聰明的人為伍。我知道我的語言智能或數學智能都不好，所以我需要精通這方面的人才加入我的團隊。我在寫作和數學方面都表現平平，而且我很討厭處理細節。說到體育活動，我知道自己比較擅長像足球、橄欖球和划船等團隊運動，我並不擅長像高爾夫球或網球這類個別運動。我瞭解自己，所以對我而言，找一群聰明人幫我工作，如同團隊運動一般。

我發現難的是，許多聰明人並不擅長團隊合作，這就是為什麼他們在學校表現優異，考試拿高分的原因，因為這一切跟個人有關。在商場中，我每天都要接受考驗，但並不是我一個人接受考驗，我跟一群聰明人一起面對我的考驗並解決我的問題。換句話說，我的天賦在於團隊合作。對像老虎伍茲這種人來說，他們的天賦在於個人表現。問題是，你比較擅長個人表現或團隊合作？

照自己的方式去做

我並不是說，你必須成為企業家或房地產投資人，我只要告訴你，我怎麼做。我要說的是，你或許要考慮一下，找一個讓你更有機會獲得財務成功的學習環境。找出你自己的環境和你自己獲得財務成功的方式。舉例來說，如果你認為你可能成為一個職業高爾夫球選手，那麼你顯然必須得花更多時間在高爾夫球場上，讓你腦部的鏡像神經元跟你能找到好高爾夫球選手，並向他學習。

腦部鏡像神經元的發現對我來說意義深遠，因為打從一九七四年起，我就把大多數的時間花在跟企業家和房地產投資人相處。跟傑出人士相處是得以透過鏡像神經元學習的大好機會，讓我對經商、人生和生活水準的觀點提升到一個新境界，幾乎就像當年九歲的我走過橋到有錢的同學家一樣。

找出助你致富的環境

現在，許多學校的商學院邀請我去開設企業家精神課程或演講。在授課時，學生們常會問我一個跟「財務ＩＱ＃１：賺更多更多錢」有關的問題：「我如何尋找投資人？」或

「我如何籌募資金？」我懂你們的問題，因為當我離開全錄公司成為企業家時，這個問題就一直縈繞在我的腦海裡。我沒有錢，而且沒有人想跟我一起投資，而大型創投業者也都沒有上門找我。

關於商學院學生提出的這個問題，我這樣回答：「你只管去做，因為你必須做。如果你不做，你就會被淘汰。現在，即使我有足夠的錢，我要做的事還是籌措資金，這是身為企業家的首要工作。而身為企業家，我們會跟三種人籌募資金，那就是你的顧客、你的投資人和你的員工。身為企業家，你的職責是讓顧客購買你的產品。如果你能讓顧客藉由購買你的產品而給你錢，你的投資人就會給你很多錢。而且，如果你有員工，你的職責就是讓他們發揮薪資十倍以上的生產力，如果你不能讓你的員工發揮薪資十倍以上的生產力，你就別想在商場混。而且如果你混不下去，也就不必再籌措資金了。」

這顯然不是大多數企管研究所學生想聽到的答案。他們大多想找出讓他們迅速致富的神奇公式、秘密配方和經營計畫。許多商學院教授感到不安，因為他們教授企業家精神，自己卻不是企業家，而是需要穩定工作、靠薪資過活並指望獲得終生教職者。這就是鏡像神經元不認同造成他們不安的對立想法所產生的結果。許多商學院寧可邀請企業執行長來講課，但是他們沒想過執行長是員工，不是創業家。

眼神透露事實

在跟學生們分享我對籌募資金的看法時，我觀察學生們的反應。我觀察到，大約有七〇%到九〇%的學生露出擔心的表情。他們的眼神呆滯，呼吸短淺，他們的血液從左腦和右腦流向原始腦，就是潛意識的最古老部分。相反地，課堂上約有一〇%的學生低聲竊笑，他們很欣賞我的答案，他們的眼神變得炯炯有神，精神為之一振。他們知道自己會成功，可以打敗同學，可以成為企業家。他們不會讓自己處在以害怕失敗取勝的環境中，他們反而讓自己的左腦、右腦和潛意識合作無間，全力以赴獲得成功。

全腦開發

對於那些玩過現金流遊戲的讀者來說，你或許想到要贏得比賽必須兼備左腦的財務知識和右腦的創意。由於現金流遊戲只是遊戲，是用玩具假鈔來進行遊戲，所以害怕失敗或虧錢這種不安感可以大幅降低，讓潛意識可以或多或少地客觀運作。一旦你瞭解這個遊戲，潛意識就從擔心轉變為興奮及獲勝的喜悅。學習就變得既有趣又刺激，這時候左腦、右腦和潛意識都接受訓練並逐漸開發，擴大全腦開發的新可能性也隨之出現。

學習金字塔

二〇〇五年時，亞利桑那州立大學針對以我的現金流遊戲教導商學院學生會計與投資的可能性進行調查。這項調查的發現極具建設性並表示贊同，結論是學生從現金流遊戲中學習，確實比透過其他方式學習，學得更快也能記住更多知識。

亞利桑那州立大學也向我說明如下頁的學習金字塔（The Cone of Learning）。

效益第二高的學習方式

如你所見，學習金字塔透露，閱讀是最不具效益的學習方式，聽講則是第二糟的學習方式，而這些方式卻是一般學校最普及的教學方式。在學習金字塔中，實作才是最有效的學習方式。當我告訴企管研究所學生放膽去做，做就對了，許多人都嚇呆了。顯然，閱讀、聽講和在現實世界是有差別的。

亞利桑那州立大學的調查指出，模擬實際經驗或遊戲是效益第二高的學習方式。這項研究證實，學習金字塔和我們設計的遊戲就是學習左腦邏輯和右腦對理財、會計與投資發揮創意的次佳方式。學生覺得更有自信、更有權力、渴望學習到更多的東西，也更能學以

學習金字塔		
兩週後我們大概記得什麼	事件	涉及的本質
對我們說過和做過的事記得90%	實作	積極的
	模擬實際經驗或遊戲	
	做一場完美的簡報	
對我們說過的事記得70%	做非正式演講	
	參與討論	
對我們聽過和看過的事記得50%	當場看到事情完成	消極的
	觀賞展覽 參觀展覽 看現場表演	
	看電影	
對我們看過的事記得30%	看圖片	
對我們聽過的事記得20%	聽講	
對我們讀過的事記得10%	閱讀	

資料來源：引用美國教育學家艾德格．戴爾（Edgar Dale）於1969年撰寫的《視聽教學法》（Audio-Visual Methods in Teaching）三版，已獲得湯姆森學習公司（Thomson Learning）華茲沃斯事業部（Wadsworth）的許可在此引述。

致用。

亞利桑那州立大學的發現也跟我的發現一致，藉由專注於嘉納所說的第四項智能「身體動覺智能」，學生不但學得更多，也學得更快，而且從學習中獲得更多的樂趣，更能記住學到的資訊。我們的課程不只是講課，還針對說明不同重點所設計的遊戲。我鼓勵學員大膽玩，也鼓勵他們犯錯，然後我們會在遊戲結束時做一個總結。

這種學習方式效果很好，因為玩遊戲必須運用到左腦、右腦和潛意識。許多時候，參與者會沮喪、生氣或難過，他們不喜歡自己犯錯了，有時還會怪罪遊戲或其他參與者。這些情緒會出現在學習過程、在我的課堂上和現實生活中。我身為講師的職責是，引導學員不要情緒化並責罪他人，並帶領他們進入遊戲所要教導的學習過程中。一旦學員自己從遊戲中獲得一些啟示，有些學員會突然大笑說：「我真不明白，自己為什麼在現實生活中會這麼做。」一旦對自己有更多的認識，從自己在遊戲中的行為瞭解自己在現實生活的行為，那麼學員如果有心想要改變，就有機會做出改變。在認識自己的那個時刻，那種對人生恍然大悟之際，左腦、右腦和潛意識都一起運作。一旦發生這種情況，學員通常會敞開心胸學習更多，也有更多的成長。

在鳳凰城一個貧窮地區的少年俱樂部最近發生一個很成功的故事。由我的公司組成的一個小組，設立了一個現金流俱樂部。事實再次證明，透過遊戲教導財務智能，這樣做不但很有效也會造成深遠的影響，讓學員的人生從此改觀。在這次教學中，有一位學員是被學校體系歸類為有學習障礙的學生，並且被分發到學習速度較慢的班級就讀。這名學員在跟朋友玩過好幾次現金流遊戲後，他現在已經回到一般班級就讀。這就是在團隊合作、同儕之間互相學習的環境中，讓左腦、右腦和潛意識一起發揮功效的力量。

改變你的環境，改變你的人生

身為教育企業家，我很清楚地知道，環境是最強最有力的老師。我明白自己可以教導並告知學員他們該學習的事，不過如果學員回到以前的環境，那麼我的教導成效就會減弱。換句話說，如果學員回到犯錯必須接受懲罰且創意受到壓抑的環境裡，那麼我教導他們的東西就不具重要性，畢竟原本的環境還是支配他們生活的老大。

有句古諺語說得好：「如果我知道我會在哪裡死掉，我就不會去那裡。」現在，我知道有幾百萬人正處在對自己的學習、財務和個人發展的不利環境中。他們的工作環境和居家環境並未增加他們的財務智能與財富。他們不但沒有變得更富有，反而讓自己的辦公室和住家成為囚禁他們的牢房。他們不但沒有追求成功，反而居住在獎勵保守不犯錯的環境裡。不過，如同對沖基金億萬富豪保羅・都德・瓊斯（Paul Tudor Jones）所說：「人是從錯誤中學習，不是從成功中學習。」

找出你的天賦

要開發自己的天賦，就必須找出支持個人發展天賦的環境。舉例來說，老虎伍茲的環境就是高爾夫球場，叫他去當騎師，他可能無法表現出眾。川普發現自己在紐約房地產這種相當難纏的地盤中很有一套，那種環境帶給他挑戰，教導他許多東西，並且讓他開發自己的技能。

這並不是一個容易的過程。如你所知，老虎伍茲為了開發自己的高爾夫球天賦，可是相當努力。川普也一樣，他很努力地培養自己在房地產開發方面的能力，如果你看過他在曼哈頓和世界各地建造的大樓，你就會明白他的衝勁。電視名嘴歐普拉則在相當難混的電視圈中大放異彩。

許多人並未開發個人天賦的原因之一，只因為他們太偷懶。許多人只是為了領薪水而工作。對他們來說，當個平凡人比努力開發自己的天賦要容易得多。但我問你：「你認為自己的天賦是什麼？怎樣的環境對你開發這項天賦最有利？」另一個重要問題是：「你有勇氣改變環境嗎？」想像一下，如果你有勇氣改變環境，你的未來又會是如何呢？

對許多人來說，這些問題的答案都是：「我不知道」或只是「沒有」。對大多數人而言，舒服地過活要比找出個人天賦更重要。因為當個平凡人比較容易，只要努力工作、照領薪水，存錢、分散投資共同基金，縮衣節食就行。如果這是你的生活寫照，而且你也喜歡如此，那麼你可以繼續這樣做。

每個人都不一樣，也有不同的優缺點。這就是為什麼我不建議大家都照我的做法去做。即使自行創業很容易，但我知道要當一位有錢的企業家可不容易，因為這個世界充斥著表現平庸的企業家，房地產界也一樣，沒賺很多錢的房地產投資人更是一籮筐。

我的重點是：我們都有獨特的才能或天賦。如果人們想要致富，甚至想成為超級鉅富，就必須找到讓他們得以發展並應用本身獨特天賦的環境。這可不容易，但是如果你下定決心要贏，也有衝勁要贏，你一定找得到這種環境。在現實世界裡，決心和衝勁比成績優異更重要。

環境讓你致富

如果你想變得更有錢，持續提升你的環境就很重要。這就是為什麼我每次聽到有些專家建議大家縮衣節食時，總會搖頭不表贊同。持續不斷地縮衣節食，只是讓你繼續活在一個更差的環境。在我還小時，每當要過橋到家境富有的同學家時，我的頭腦就開始吸收資訊，我知道住在生活水準較高地區是什麼情形，我知道我想要過這種生活。此時，我的腦子就會想辦法，讓我達到這種生活水準。

這並不表示要你逃離目前的環境，買一棟大房子住、買跑車開、添購新衣，然後讓自己債台高築。我是要你刻意並聰明地挑戰自己，藉由增加個人財務智能來提高你的生活水準。

增加個人財務智能的最佳方式就是，先找出能讓你的天賦可以成長並發展的環境。其實你要做的事情很簡單，你可以先找出自己想要跟誰一樣，你去圖書館找出這個人的著作，看看他是怎麼致富的，或者你知道自己想過怎樣的生活、住怎樣的豪宅，你就從雜誌中翻閱你喜歡的住宅圖片。首要步驟是，有意識地開始刺激你的鏡像神經元，讓它們模仿你所喜愛的生活水準和你想成為的人物。

【摘要】

財務狀況不佳者大多沒有開發自己的天賦，他們沉溺於安逸的環境，也尋求容易取得的答案，他們任人擺布，繳很多稅，努力工作卻得縮衣節食。他們可能很聰明、人很好也很有學問，卻沒有在財務方面讓左腦、右腦和潛意識並用，所以他們很可能繼續窮下去。

成功需要某種程度的心智實力與體能實力。如果你可以訓練你的左腦瞭解理財這項主題，讓你的右腦提出創意解決方案，讓你的潛意識維持在興奮狀態而非恐懼狀態，然後採取行動，同時願意犯錯與學習，你就能創造奇蹟，就能開發你的天賦。

Chapter 10

提高你的財務IQ：實際應用篇

這本書的宗旨就是要開發你的財務智能並提高你的財務ＩＱ。同前所述，你必須具備這五種財務智能（缺一不可），才能致富並獲得成功。我知道這件事說得容易，做起來可不容易。開發你的五項智能，是你一輩子要做的事，不是一天或一年可以完成的事。我目前還繼續努力開發我的智能，同時我也鼓勵你這樣做。本章將提出一些實用做法，讓你鍛鍊個人財務ＩＱ。

許多理財顧問建議大家要長期投資。其實，他們真正的意圖是，要你把錢交給他們，這樣他們就可以長期抽佣。這種建議的問題在於，你根本學不到東西。到最後，你未必在財務上更加精明，而且你也沒有開發你的財務ＩＱ。最糟糕的是，大多數長期投資人都投資高風險、低報酬且個人無法掌控的投資。

與其盲目聽從理財顧問的建議，你或許想考慮長期投資讓你強化全腦開發，並讓自己倘佯在增加個人財務ＩＱ的多變環境中。你應該尋求實際方式讓你開發全腦及個人天賦，以下就是多變環境的一些實例：

1. **學校**。對大多數人來說，學校就是一個多變環境。上課是改善左腦與右腦功能的絕佳方式。傳統學校的問題在於，無法提供環境讓人開發潛意識，即人腦中最具影響力的部分。大多數傳統學校只是強化害敗失怕和害怕犯錯的鏡像神經元。

2. **教堂**。我發現教堂有二種：一種教導對上帝之愛，一種教人畏懼上帝。我不知道畏懼上帝這種效果怎麼樣，但我認為教堂是找出精神力量的絕佳處所，這樣做可以強化潛意識。如果順利的話，當人們擁有更多精神力量，就會更講究倫理道德，也會更慷慨大方。

3. **軍隊**。對我而言，海軍陸戰隊是讓我開發全腦的絕佳環境。要當飛行員必須運用左腦、右腦和潛意識，也必須具備七項智能，就連音樂智能也包括在內。通常，我們駕駛直升機進入戰區時，會聽搖滾樂來提振士氣。現在，我能夠成為一位更優秀的企業家，尤其是在虧錢時依舊保持冷靜，就是因為我學會改善自己的內省智能，並在害怕時，保持冷靜不會失控。

4. **傳銷公司**。大多數傳銷公司就是很好的學習環境，因為他們提供訓練、援助、經營結構和產品，讓你可以專心發展推銷技能並打造屬於你的事業。我建議想要創業的人可以加入優秀的傳銷公司，獲得一些經營實務的訓練。這些公司專注於全腦開發，尤其是強化潛意識方面。

對於想要開發人際智能與內省智能的人來說，傳銷公司的訓練方案是很合適的。開發這二項智能將會改變你的人生，並讓你的生活水準得以提升，因為他們教導你克服對別人的恐懼，並且克服害怕失敗這種感覺。在傳銷環境中學習的最有利因素是，這是一個彼此互相支援的環境，不像在學校和職場上要擔心犯錯失敗。就算你表現不好，也不會被當掉或被開除，而且只要你願意學習與成長，大部分傳銷事業會努力提升你的能力。我認識很多人花五年時間待在傳銷公司，最後終於破除自己的疑慮和恐懼。一旦他們到達這種境界，財源就會滾滾而來。

5. 企業。基本上，企業有二種：大企業和小公司。大企業可能是開發全腦的絕佳場所，尤其是在開發潛意識上。我在大企業任職的友人就要面對龐大的壓力，說真的，我並不清楚他們是怎麼處理壓力的。此外，公司裡彼此勾心鬥角和派系鬥爭也是提供一種絕佳機會，訓練你的人際智能和內省智能。

對於想要成為企業家的人來說，先在小公司工作可能是一個絕佳學習環境。待在小公司做事比在大企業工作更具優勢，因為你可以學習經營事業的各種不同層面。我在《富爸爸辭職創業》這本著作中，說明企業的八項必備要素。在小公司工作，你就更有機會學習這八項要素，並且獲得必要的經商經驗。

6. 研討會。對於想當醫師、律師和建築師這類需要證照執業的人來說，傳統學校是很重要的學習環境。對於想要在企業擔任高階主管，在政府單位擔任高官的人來說，學校也是很重要的學習環境，因為在這些單位裡升遷都要看學歷。不過，對於想要當企業家或投資人來說，研討會是很重要的學習場所。現在，各種議題都有研討會和會議可供參加，你只要找出令你感興趣的研討會去參加就行。

富爸爸公司針對想要成為房地產專業人士或想學習買賣股票的人，舉辦很棒的研討會。我以這些課程為傲，因為這些課程由實務人士授課，內容就是他們實際操作手法。愈高階的課程就是實務操作，而且這種學習方式是循序漸進的。舉例，你會走進人群，用真的錢進行實際交易，也就是說，如果你是土地開發課程的學員，你會實際進行土地開發專案。最重要的是，我們所開辦課程的設計宗旨是要訓練並強化全腦，讓左腦、右腦和潛意識合作無間。藉由專注於全腦開發，你的獲利和成功機會就大幅提升。

7. 教練。我都很幸運有富爸爸當我的教練。參加過球隊或運動團隊的人都知道，教練之於團隊成功有多麼重要。

富爸爸公司也有一個由專業教練組成的部門，他們不僅是優秀的教練，也實踐本身所教授的做法。富爸爸公司為想要獲得教練一對一指導的人士開課。

此刻，如果你心想：「我怎麼請得起教練？我沒有錢。」或「我為什麼需要教練？我已經很棒了啊！」請想想看，如果有人真正需要幫助時卻說：「我負擔不起」或「我不需要幫助」，就等於受到潛意識的支配。這時候，他們當然必須要有教練在旁協助。

對於已經準備要改變環境的人來說，教練是不可或缺的。如果不是富爸爸指導我將近三十年之久，我可能無法有今天的成就。即使現在，我還是繼續找一些教練指導我，因為我的潛意識還沒有跟我的意圖完全搭配。

8.現金流俱樂部。目前世界各地有幾千家現金流俱樂部，這些俱樂部的領導幹部都是熱中創造一個富爸爸學習環境的志工。有些俱樂部還為想要增加本身財務智能者，正式開辦富爸爸十步驟課程（Official Rich Dad 10-Step Curriculum）。許多現金流俱樂部都是免費加入，只是象徵性地酌收費用因應開銷。加入這種俱樂部是遇見同好並活化腦部鏡像神經元的絕佳方式。你也可以在你的社區、你的公司或教堂，跟同好一起開辦屬於自己的現金流俱樂部。

9.給你一個答案。二〇〇七年九月六日，我訪問腦部結構暨成癮研究的專家麥可．卡爾頓（Michael Carlton）醫師。這場會談取名為「人們有可能過慣窮日子嗎？」這是我最喜歡的訪談之一。卡爾頓醫師在訪談中深入地詳述腦部如何運作，以及為什麼有些人很有錢，有些人卻很窮，發現到這種情況其實跟成癮有關。

以上是針對多變的環境提出的一些實例。對我來說，海軍陸戰隊、全錄公司和我自己創辦的事業，以及房地產投資就是我學習開發個人天賦的場所。如果你想開發你的天賦，記得慎選對你最有利的環境？

成為企業家要具備怎樣的條件？

我們大都知道，企業家是世界上最有錢的人。目前聞名全球的一些企業家包括：維珍集團創辦人李察．布蘭森（Richard Branson）、電視名嘴歐普拉（Oprah Winfrey）、蘋果電腦創辦人史蒂夫．賈伯斯（Steve Jobs）和媒體大亨魯伯特．梅鐸（Rupert Murdoch）。

有一項爭議迄今仍未有定論，那就是：「企業家是天生的或是可以後天養成？」這個問題之所以被提出，是因為有些人認為只有某些特定人士或具備神奇力量才能成為企業家。對我來說，成為企業家其實沒什麼大不了。舉例來說，跟我住在同一社區的高中女生，就請同學替她工作，讓她的保姆生意蒸蒸日上，她就是一位企業家。我住的社區裡還有一名年輕男孩利用課餘時間經營幫人跑腿辦事的生意，他也是一位企業家。大多數小孩都天不怕、地不怕，可是大人們卻剛好相反，只因為害怕而裹足不前。

企業家的二項特質

現在，有幾百萬人夢想要離職，自己當老闆，經營自己的事業。問題是，對大多數人來說，他們的夢想只是夢想，絕對不可能成真。但是真正的問題在於，為什麼有那麼多人都不勇於追求自己當老闆的夢想呢？

我的一名友人對這個老掉牙問題做出最好的解答，他說：「企業家有二項特質，那就是：無知和勇氣。」

這項簡單的判斷其實寓意深遠，它不僅道出企業家精神，也說明為什麼有些人很有錢，而大多數人卻都沒錢。舉例來說，有那麼多成績一流的學生無法致富的原因之一是，他們或許很聰明，但卻缺乏勇氣。還有更多人則是既不聰明又缺乏勇氣，要想致富比登天還難。

一名髮型設師計的故事

我有一位朋友是相當傑出的髮型設計師。說到讓女人變美這件事，他簡直就是魔術師。多年來，他不斷的提到自己要開一家髮廊。他有遠大的計畫，但可悲的是，他目前還是在一家大型髮廊工作，還經常跟髮廊老闆吵架。

我另一位友人的老婆厭倦空服員的生活。二年前，她離職並到美髮學院修課，想成為髮型設計師。一個月前，她為自己開的髮廊舉辦盛大的開幕活動，也因為髮廊環境相當棒，已經吸引一些優秀的髮型設計師和她一起共事。

當我那位髮型設計師老友聽她的髮廊開張了，他說：「怎麼可能？她根本沒有才能，也沒有天賦，也不像我是在紐約受過訓練。況且，她根本沒有任何經驗，我敢說那間店一年內就會歇業，鐵定會失敗的。」

她或許會失敗。根據統計數字顯示，九〇%的新創事業都是在創業五年內關門大吉。但是，這個故事的重點是，無知和勇氣對你的人生造成的影響。在這個例子中，一位髮型設計師有天賦卻沒有勇氣，另一位髮型設計師沒有經驗卻有勇氣。依我來看，無知和勇氣之間的這種關係正是人生的本質。

一九七四年時，我沒有工作、沒有錢，也沒有太多經商經驗。我根本無法縮衣節食，因為我當時沒有任何收入。我也沒辦法分散投資，原因是沒有錢可以投資。是的，我什麼都沒有，但是我有勇氣，因為在現實世界裡，勇氣比成績優異更重要。你必須有勇氣去發現你的天賦、去開發你的天賦，並把你的天賦貢獻給這個世界。

隨時牢記：你的心智擁有無限的可能，你的疑慮卻是有限的。《Atlas Shrugged》作者艾恩．蘭德（Ayn Rand）說：「財富是人類思考能力的產物。」所以，如果你準備好改變你的人生，就找出讓你能開發全腦思考並且愈來愈富有的環境。搞不好，你就會找出你的天賦。

沒有人是孤島

我們活在一個回饋的世界裡。當我們踏到體重計上，就能知道自己有多重。如果體重計顯示我們胖了五公斤，或許不太喜歡這項回饋，尤其是當我們已經超重十公斤時。當醫師幫你量血壓，幫你抽血檢驗，他就是在尋求回饋。

回饋很重要，是讓我們得知本身與所處環境相關資訊的重要來源。問題是，如果我們喜歡回饋，我們的潛意識可能會封鎖、曲解、減弱或否定回饋資訊的重要性。

我從海軍陸戰隊學到的最具啟發性教訓之一是：回饋的重要性。當我把事情搞得一團糟時，就會獲得相當強烈且直接的回饋。我跟富爸爸共事時，也取得同樣強度的回饋。

我提及此事，因為現在我們當中有很多人都在不允許回饋、不能直率誠懇回饋的環境中工作。許多學校和企業因為怕吃上官司，所以不敢跟你說你必須要聽的事。許多朋友和同事會在背後數落你，因為他們沒有勇氣當面跟你說。這不是一個健全的環境，而是一個功能失常的環境。

健全的環境會提供回饋。如果你願意接收回饋，生活會持續不斷地提供你寶貴的資訊，而且大多數時間，這種回饋是免費的。每次你打開薪水袋看到自己因為繳稅被扣多少錢時，這就是回饋；如果你的債權人打電話來要求你還債，這也是回饋；如果你更努力工作，賺的錢卻不夠，這也是回饋；如果你花太多時間工作，花太少時間在家，這也是回饋；如果你的小孩吸毒被捕，這也是回饋；如果你的朋友都很失敗也喜歡失敗，這也是回饋。這些都是重要的資訊，現實世界正設法告訴你一些事。

你的生活水準就是回饋的一項重要來源。如果你目前住在讓你覺得貧窮的房子裡，那就是回饋；如果你有能力可以開林寶堅尼跑車時，但卻開一部便宜車，那就是回饋。生活水準只是你覺得最習慣的水準，未必表示舒適、廉價或有所妥協；生活水準表示你喜愛你的住宅、朋友和職業並以此為傲，而不是欣羨別人。而且，這並不表示藉由舉債來提升自己的生活水準。我的重點是，先找出讓你可以學習、變得更精明，然後更加富有的絕佳環境，藉此提升你的生活水準。

要取得世上最有用的資訊，你不必唸名校、不必找一份好工作或閱讀曠世巨作。你只要仔細觀察你的周遭並傾聽回饋。

關於回饋，你必須瞭解以下這三個重要事項：

1. **有勇氣敞開心胸接納回饋**。如果你想改善現況，就尋求更多回饋。這就是教練和良師之於成功人士的重要性所在，因為成功人士善於尋找更多回饋，他們廣納任何有利的建言。

2. **唯有在被要求的情況下才提供回饋或建議**。當人們沒有要求你提供回饋時，即使他們知道你提出的回饋正符合他們所需，他們還是會因此發怒。古人說的好：「別教豬唱歌，這樣做只是浪費你的時間，也會惹豬生氣。」

3. **騙子會說你想聽的話，而不是你該聽的話**。騙子會朝見聞不廣且意志薄弱者下手，並針對弱點設計一套行銷訊息。在金錢世界裡，即使像巴菲特這種最精明的投資人也沒有分散投資，也不建議大家縮衣節食。但是騙子已經讓大家相信分散投資和縮衣節食是很明智的做法。巴菲特以他自己的生活水準度日，他的生活水準跟川普的生活水準截然不同。巴菲特住在內布拉斯加州奧馬哈市，川普住在紐約市。重點是，二人都有足夠的收入，只要他們想住在世界各地、想過任何一種生活水準都沒問題。他們對於自己目前的狀況都相當滿意。

更重要的問題是：

1. 你現在住在自己想住的地方，過著自己想要的生活水準嗎？
2. 你分散投資並縮衣節食，好讓騙子可以有好日子過嗎？
3. 你目前正跟自己想要交往的朋友或人士來往嗎？

如果你想變得更健康、更精明、更富有，也更幸福，你就要密切留意你自己的回饋。它正在提供你世上最重要的資訊，不管你喜不喜歡你的回饋，如果你有勇氣傾聽它並從中學習，你就會成功。衷心感謝你閱讀這本書。

經濟大預言—清崎與富爸爸趨勢對話

羅勃特．T．清崎 & 莎朗．L．萊希特◎著　　定價：350元

◎2003年金石堂年度TOP投資理財類
◎博客來編輯推薦書

富爸爸提醒我們，每一次政府的法令變化，都有可能改變我們的經濟生活跟未來規畫。這本書提示了一個已經應驗一半的預言，提醒我們做好準備因應變化，並藉此在財務上取得轉機。

財富執行力—富爸爸的槓桿原理

羅勃特．T．清崎 & 莎朗．L．萊希特◎著　　定價：350元

◎2003年金石堂年度TOP投資理財類
◎2003年誠品書店年度暢銷書榜商業語言類
◎2003年博客來年度百大【趨勢領導類】暢銷書

本書在前兩個部分集中講述如何獲取大量財富的思想和計劃程式，對於年輕富有地退休十分重要。第三部分主要討論為了年輕富有地退休，一個人必須或者可以做些什麼。儘管思想和計畫程式很重要，但是最後還是你的行為決定了自己的命運。正如富爸爸所說的：「隨便說說並沒有多大意義。」

富爸爸商學院

羅勃特．T．清崎 & 莎朗．L．萊希特◎著　　定價：260元

決心＋毅力＋企圖心＝致富關鍵

結合富爸爸追求財富自由的理念，訴諸讀者在這個行業中「人脈致富」的11大核心價值。富爸爸認為：「創建一個新的企業應該是獲取財富的好方法，而過程中，人們應該都要有平等的機會和地位，只要掌握決心、毅力和企圖心這幾個關鍵因素，致富大門理應為人人而開。」

富爸爸辭職創業

羅勃特．T．清崎 & 莎朗．L．萊希特◎著　　定價：300元

如果你已經準備好獨自奮鬥，
那麼這本書就是爲你所寫！

據報導指出超過七成的上班族想創業。但是，創業成功賺錢的又有幾人？你知道真正的問題出在哪裡嗎？富爸爸的創業金三角告訴你，除了好的產品之外，系統、法令、現金流這些重點都得面面俱到，你的企業才會永續生存！辭職之前，先了解富爸爸的創業成功祕密，讓你真正實現財務自由！

富爸爸，窮爸爸

羅勃特．T．清崎 & 莎朗．L．萊希特◎著

定價：280元

改變千萬讀者觀念的正宗理財聖經！
挑戰傳統的財富觀念，教你成爲富人的祕密！

這是一個真實的故事，作者羅勃特．T．清崎的父親和朋友的父親對金錢的看法截然不同，使他對金錢產生了興趣……；本書挑戰傳統的財富觀念，揭示了成為富人的祕密，推翻「高薪」等於「致富」的財富法則，倡導以穩定的「現金流」保障你的生活，教你真正分清資產與負債，從容面對個人財務的潮漲潮落。

富爸爸，有錢有理

羅勃特．T．清崎 & 莎朗．L．萊希特◎著

定價：280元

以現金流解釋財富現象，
教您如何改變觀念，邁向致富之道！

人類分成四個等級：僱員，自由職業，公司經營者，投資者。您是屬於哪一個等級？您想一探這四個等級有何不同之處嗎？真正能夠享有經濟自由的人又是哪一種？《富爸爸，有錢有理》將會解答讀者的所有疑問，也將引領讀者在經濟持續變動的世界中，迅速找到一條財務自由的捷徑。

定價：280元

定價：250元

富爸爸，提早享受財富1、2

羅勃特．T．清崎 & 莎朗．L．萊希特◎著

這是爲了想成爲富人型投資者的讀者們，
所寫的一本長期投資指南！

對每個不同的人來說，投資這門學問都代表著與衆不同的意義。因此針對富人、中產階級、窮人這三種類型的人，他們也都各自有著不同的投資方式。它將告訴讀者那些富人們究竟是如何進行投資與投資在什麼地方。

定價：230元

定價：230元

富爸爸，富小孩 上、下

羅勃特．T．清崎 & 莎朗．L．萊希特◎著

誰說富不過三代？
「贏配方」的威力更勝原子彈！

《富爸爸，富小孩》是寫給那些重視小孩教育的家長們，希望幫助他們的小孩未來能擁有較高的財務智商，並積極努力促使富美夢實現，此書為讀者帶來的知識將是前所未聞的，相信所有的孩子們學習到這些理財知識，畢生都會受用。